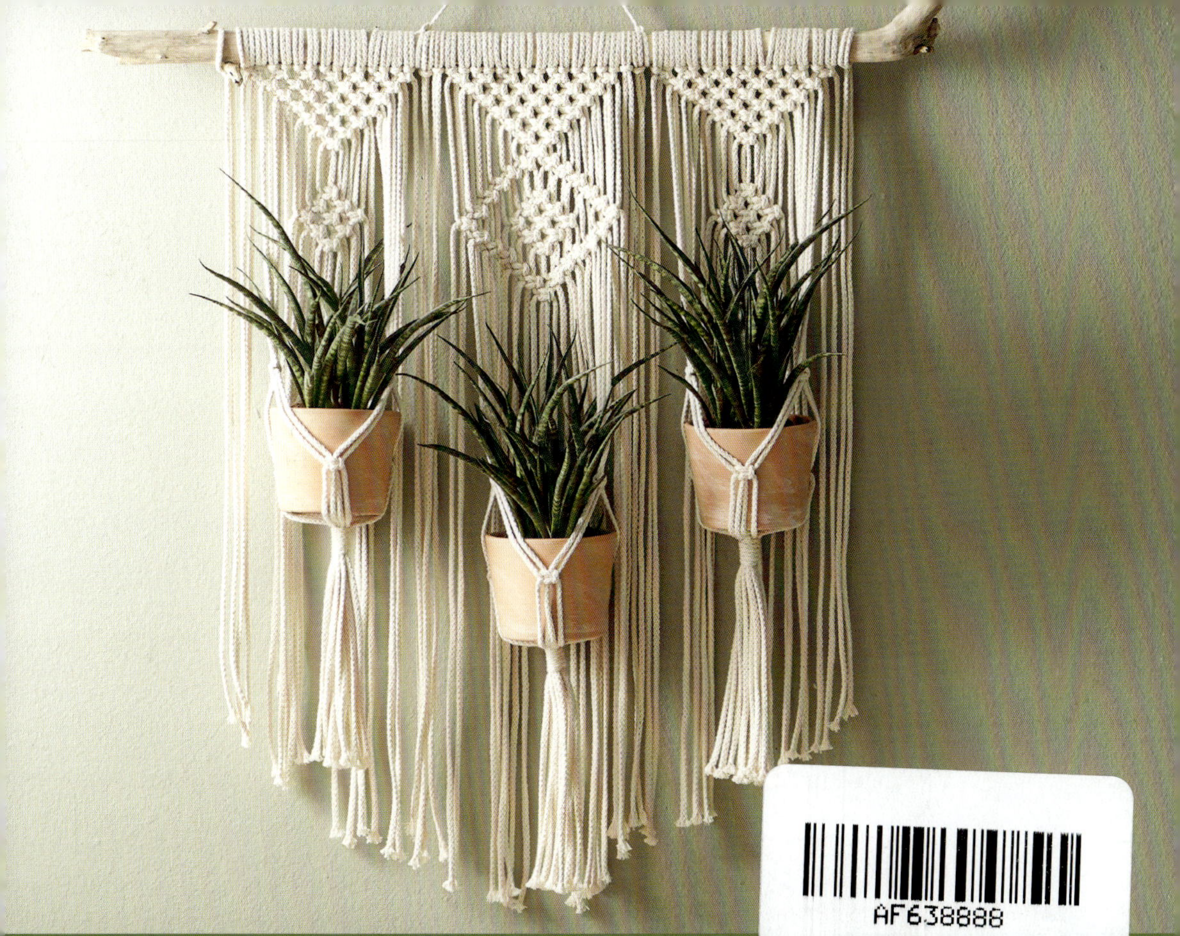

Makramee ist eine traditionelle Knotentechnik, deren Ursprünge bis 3500 v. Chr. zurückreichen. Knoten haben aber schon seit Beginn der Menschheitsgeschichte eine große Rolle gespielt. Es wurden mit ihnen Fallen gebaut, Netze angefertigt und Felle befestigt. Heute werden mit Makramee vor allem Dekorationen, Accessoires und Kleidung angefertigt.

Makramee ermöglicht es uns mit Hilfe von wenigen Knoten eine Vielzahl von Mustern anzufertigen, von einigen Zentimetern bis hin zu einigen Metern Größe.
Es ist bewiesen, dass Pflanzen das Raumklima enorm verbessern und unser Wohlbefinden steigern. Daher möchte ich Ihnen mit diesem Buch verschiedene Möglichkeiten zeigen, wie Sie dekorative Makramee-Blumenampeln und andere Pflanzen-Dekoration für Ihr Zuhause knoten können. Fertigen Sie Ihre eigene Trend-Dekoration für Ihren Urban Jungle an!

Josephine Kirsch

Grundlegende Knoten

Ankerknoten

Mit dem Ankerknoten können Fäden an einem Objekt wie z. B. einem Holzstab oder einem Ring befestigt werden.

Ankerknoten von vorne geknotet:

1 Die beiden Enden eines Fadens zusammenlegen und die dabei entstehende Schlinge von oben hinter den Holzstab führen.

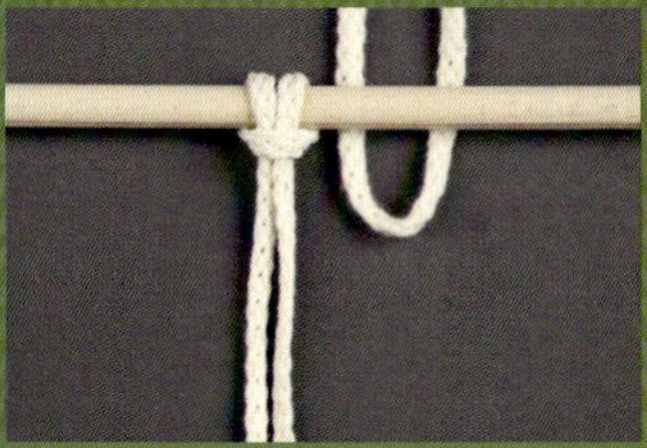

2 Nun die beiden Enden durch die Schlinge führen und straffziehen.

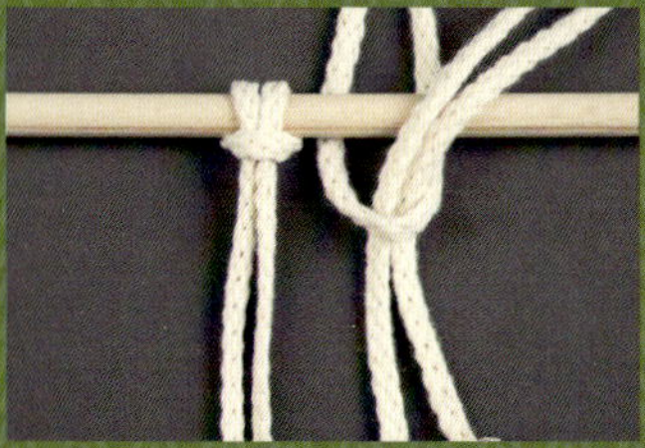

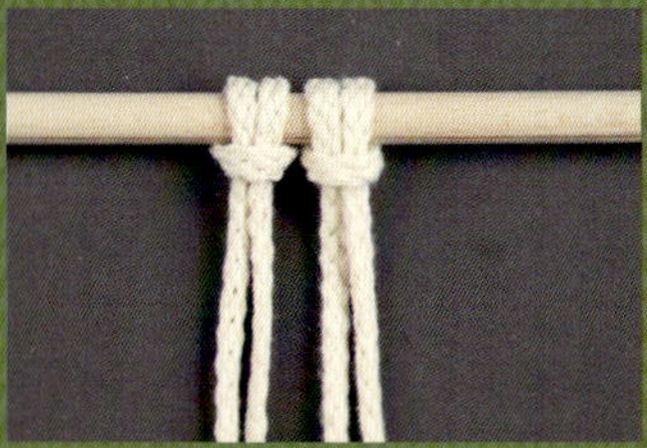

Ankerknoten von hinten geknotet:

1 Die beiden Enden eines Fadens zusammenlegen und die dabei entstehende Schlinge von unten hinter den Holzstab führen.

2 Nun die beiden Enden durch die Schlinge führen und straffziehen.

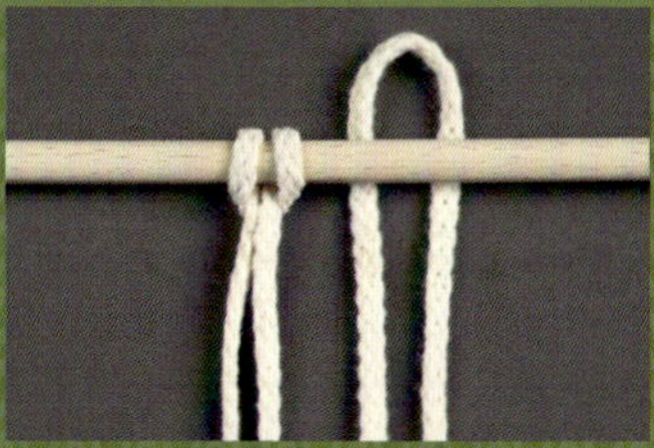

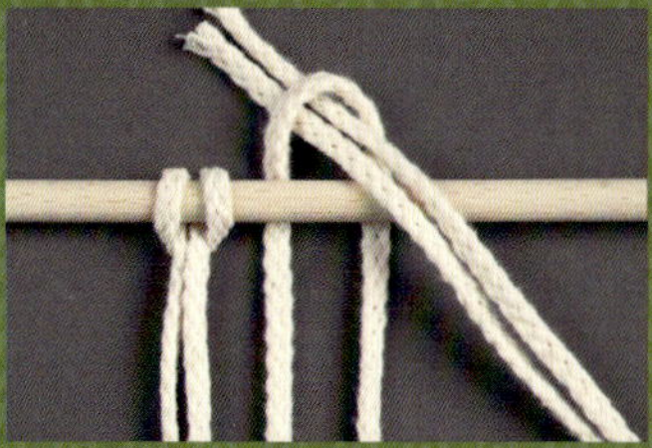

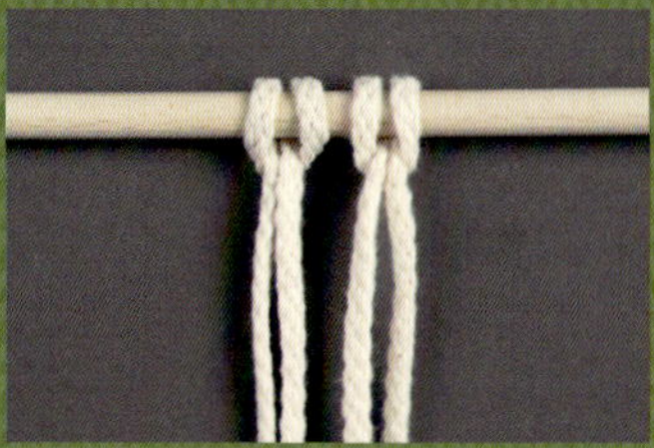

Wellenknoten

Der Wellenknoten ist ein halber Kreuzknoten und wird bei Makramee üblicherweise mit 4 Fäden geknotet. Die beiden mittleren Fäden sind die Trägerfäden. Diese sind passiv und es wird um sie herum geknotet. Die beiden äußeren Fäden sind Arbeitsfäden und mit ihnen wird aktiv geknotet.

1 Legen Sie den rechten Arbeitsfaden nach links über die beiden Trägerfäden.

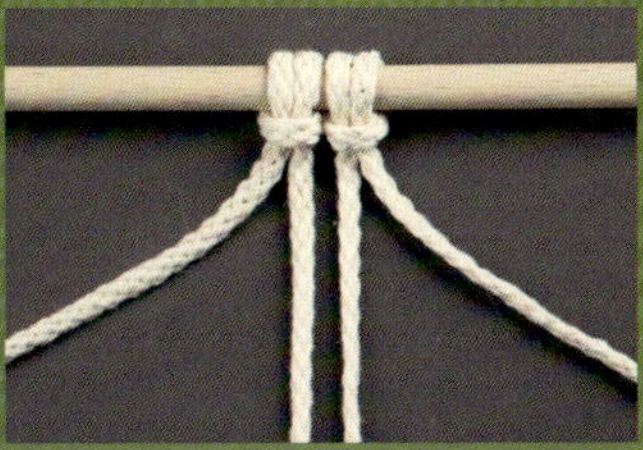

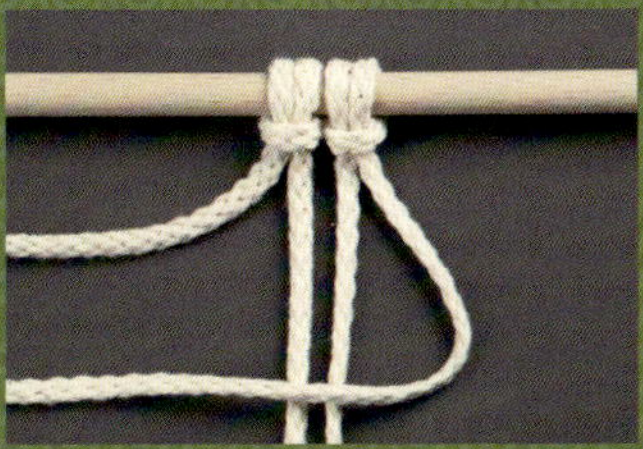

2 Nun legen Sie den linken Arbeitsfaden über den rechten Arbeitsfaden.

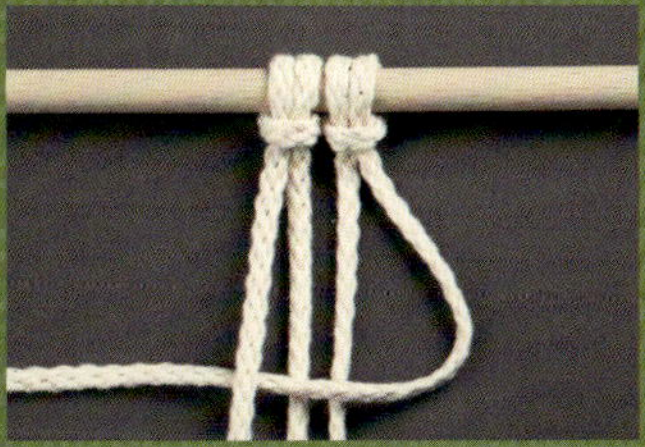

3 Führen Sie den linken Arbeitsfaden unter die beiden Trägerfäden und durch den Zwischenraum des rechten Arbeitsfadens und der Trägerfäden nach vorne.

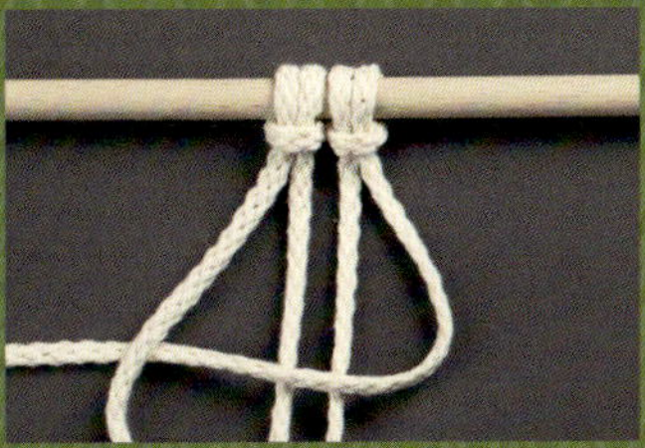

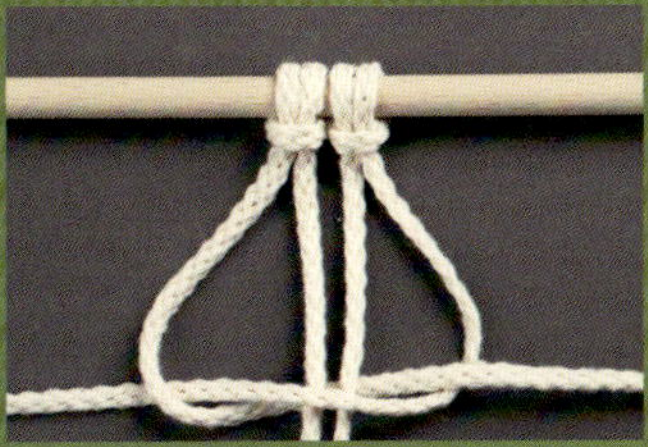

4 Ziehen Sie die beiden Arbeitsfäden senkrecht zu den Trägerfäden fest.

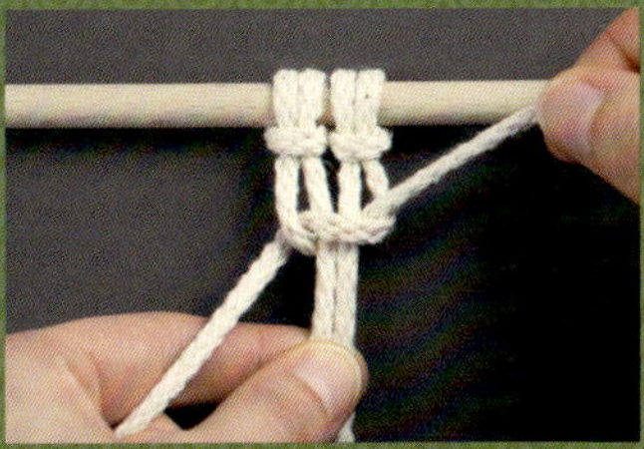

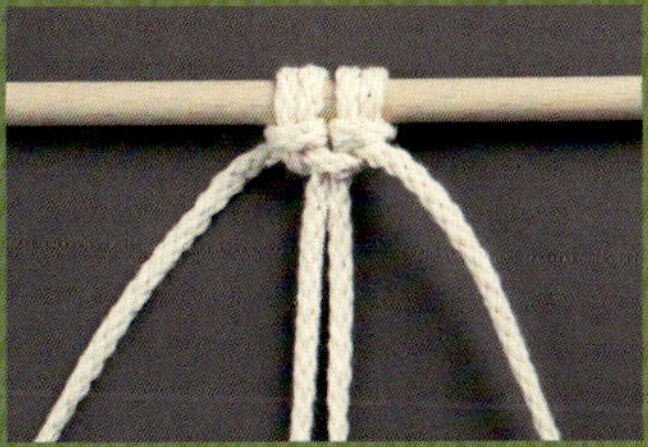

Mehrere Wellenknoten untereinander geknotet ergeben einen gedrehten Strang. Schieben Sie zwischendurch immer wieder die Knoten entlang der Trägerfäden zusammen, damit Sie einen einheitlichen Strang erhalten.

Je nachdem wie sehr Sie den Strang entlang der Trägerfäden zusammenschieben, verändert sich der Grad der Drehung des Strangs. Probieren Sie es aus!

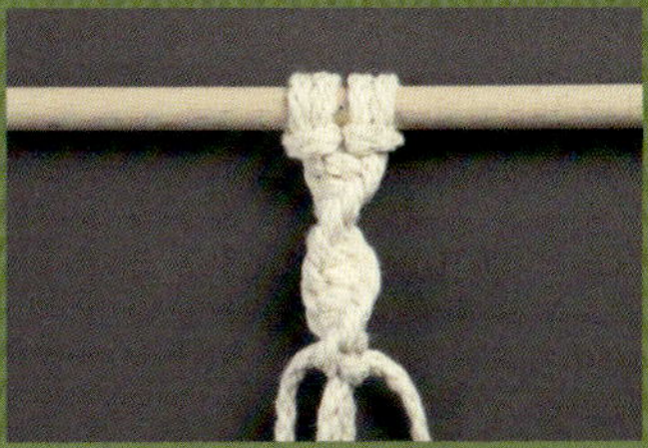

Links gelegter Kreuzknoten

Ein Kreuzknoten wird bei Makramee normalerweise mit 4 Fäden geknotet. Die beiden mittleren Fäden sind dabei die Trägerfäden. Diese sind passiv und es wird um sie herum geknotet. Die beiden äußeren Fäden sind Arbeitsfäden und mit ihnen wird aktiv geknotet.

1 Knoten Sie den Wellenknoten als ersten Teil des Kreuzknotens.

2 Wiederholen Sie die Schritte spiegelverkehrt. Dazu legen Sie den linken Arbeitsfaden nach rechts über die beiden Trägerfäden. Den rechten Arbeitsfaden über den linken Arbeitsfaden legen und diesen dann unter die beiden Trägerfäden durch den Zwischenraum des linken Arbeitsfadens sowie der Trägerfäden nach vorne führen.

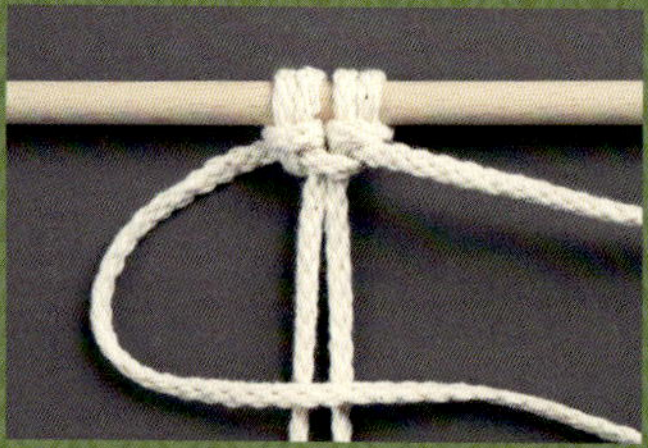

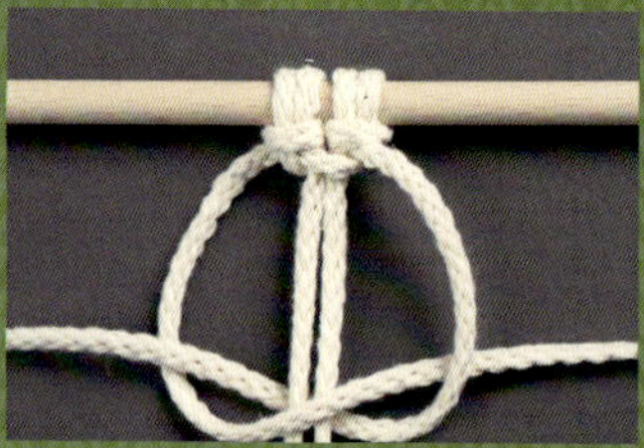

3 Ziehen Sie den zweiten Teil des Kreuzknotens fest.

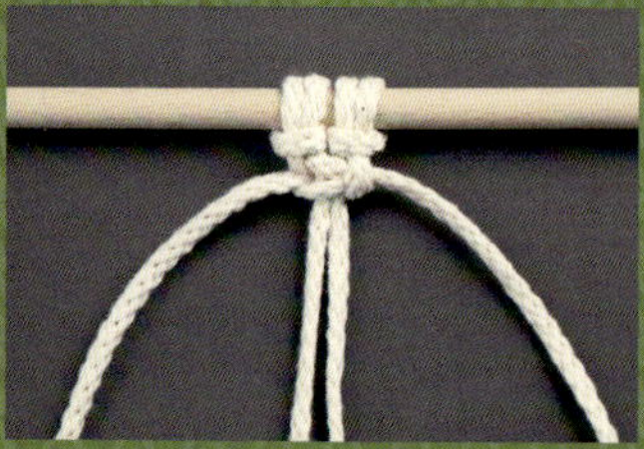

Mehrere Kreuzknoten untereinander geknotet ergeben einen glatten, gleichmäßigen Strang. Um ein gleichmäßiges Knotenbild zu erhalten, schieben Sie die einzelnen Knoten immer wieder entlang des Trägerfadens nach oben. Es sollte nur wenig der Trägerfäden zu sehen sein.

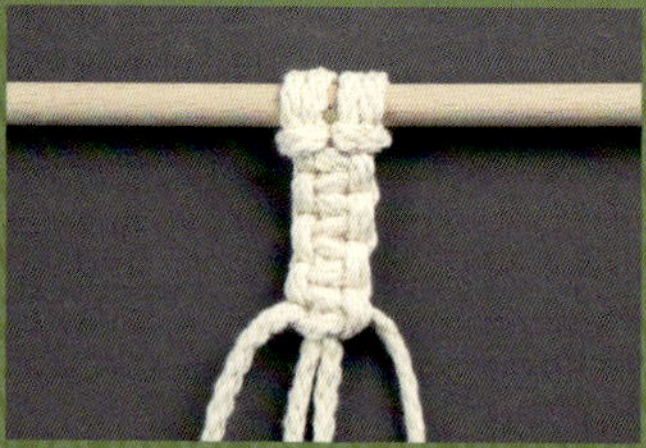

Rippenknoten

Mehrere Rippenknoten nebeneinander geknotet ähneln einer Rippe. Beim Rippenknoten werden mehrere Arbeitsfäden mit jeweils zwei halben Schlägen entlang eines Trägerfadens geknotet, um eine Rippe zu erhalten.

Man unterscheidet den rechts und links geknüpften Rippenknoten. Sie unterscheiden sich dahingehend, dass beim rechts geknüpften Rippenknoten die Arbeitsfäden nach rechts gehend und beim links geknüpften Rippenknoten nach links gehend über den Trägerfaden gelegt werden. Wird Ihre Rippe also von links nach rechts geknotet, handelt es sich um den rechts geknüpften Rippenknoten, wird sie von rechts nach links geknotet, handelt es sich um den links geknüpften Rippenknoten.

1 Halten Sie den Trägerfaden über die Arbeitsfäden straff in die Richtung, in die die Rippe verlaufen soll. Behalten Sie den Trägerfaden die ganze Zeit straff in der Hand und versuchen Sie diesen nicht viel zu bewegen. Knoten Sie nur mit der anderen Hand.

2 Legen Sie den ersten Arbeitsfaden locker über den Trägerfaden.

3 Führen Sie nun den Arbeitsfaden unter den Trägerfaden durch die eigene Schlaufe. Ziehen Sie den ersten halben Schlag entlang des Trägerfadens fest. Der erste halbe Schlag entscheidet über die Position des Knotens. Soll die Rippe direkt entlang der Knotenreihe zuvor geknotet werden, ziehen Sie den ersten halben Schlag fest, bis er direkt an der Knotenreihe davor liegt. Wird ein Zwischenraum gewünscht, so ziehen Sie den ersten halben Schlag nur so weit fest, dass er im gewünschten Abstand zur Knotenreihe davor liegt.

4 Für den zweiten halben Schlag werden die Schritte 2-3 wiederholt.

5 Ziehen Sie den zweiten Umschlag fest. Der zweite halbe Schlag fixiert den Rippenknoten.

Links **Rechts**

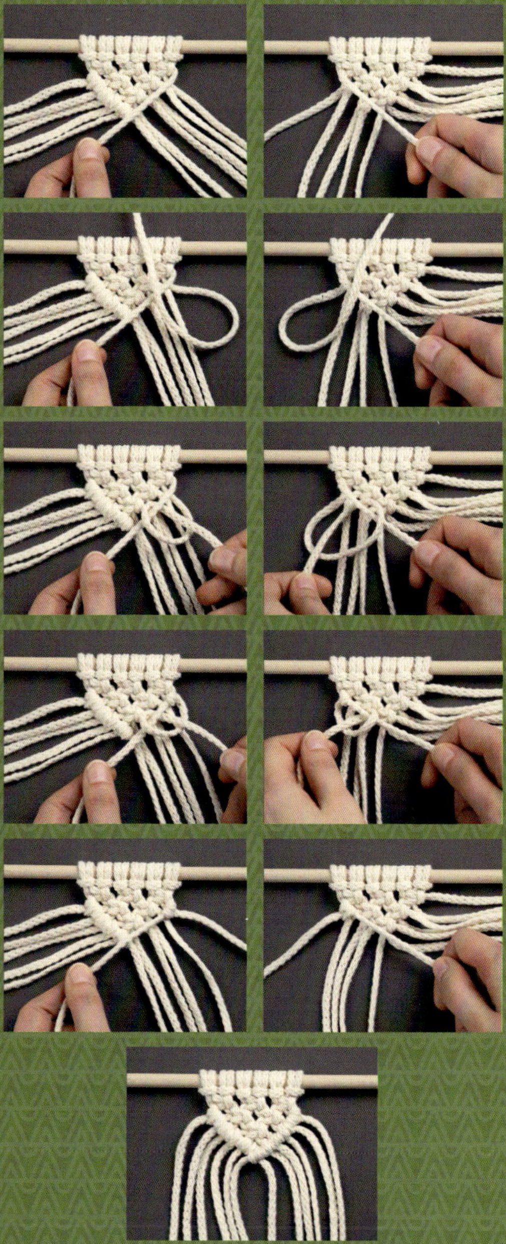

Wickelknoten

Mit dem Wickelknoten werden mehrere Stränge zusammengehalten.

1 Legen Sie das Fadenende eines extra Fadens nach oben auf die Stränge, die zusammengehalten werden sollen und führen Sie das andere Ende so nach oben, dass eine Schlaufe entsteht. Wenn es eine Vorder- und Rückseite gibt, legen Sie den zusätzlichen Faden auf der Rückseite auf alle Stränge.

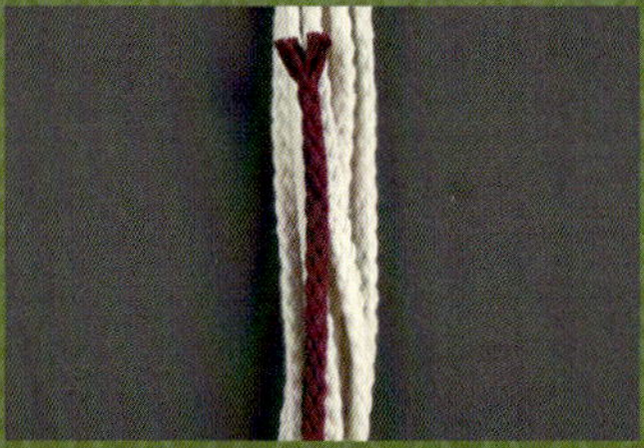

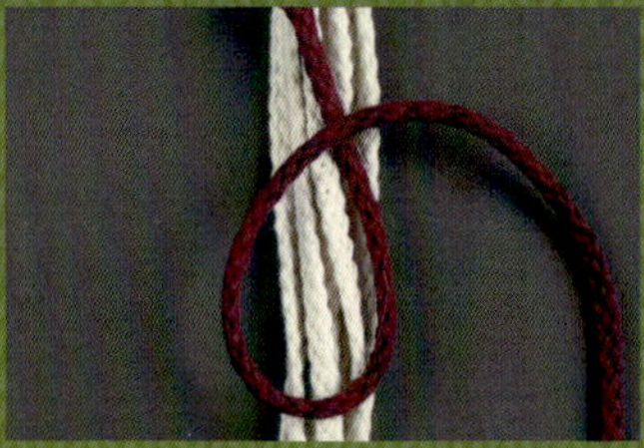

2 Wickeln Sie das lange Ende straff um alle Stränge sowie das andere kurze Ende. Das lange Ende wickeln Sie nun mehrfach eng um alle Stränge und die Schlaufe, sodass immer weniger von der Schlaufe zu sehen ist.

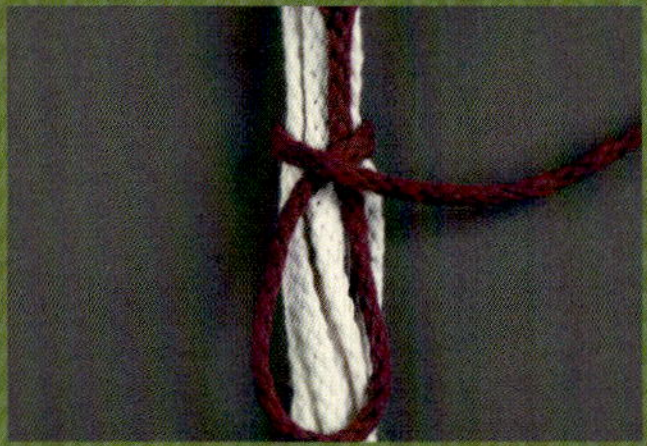

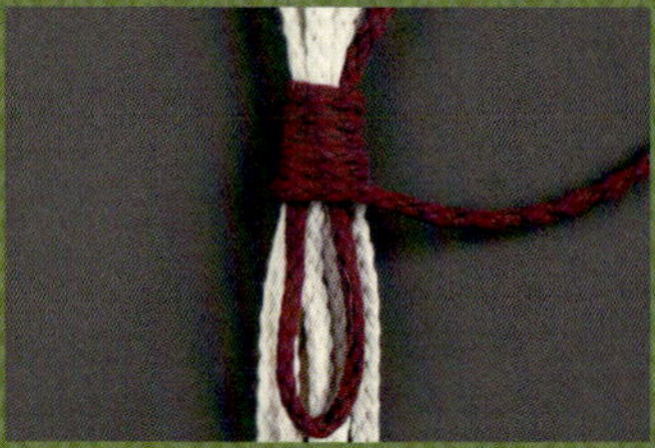

3 Wenn der Faden zu kurz wird oder Sie der Meinung sind, dass Sie genug umwickelt haben, führen Sie das Ende, mit dem Sie die ganze Zeit umwickelt haben, durch die Schlaufe.

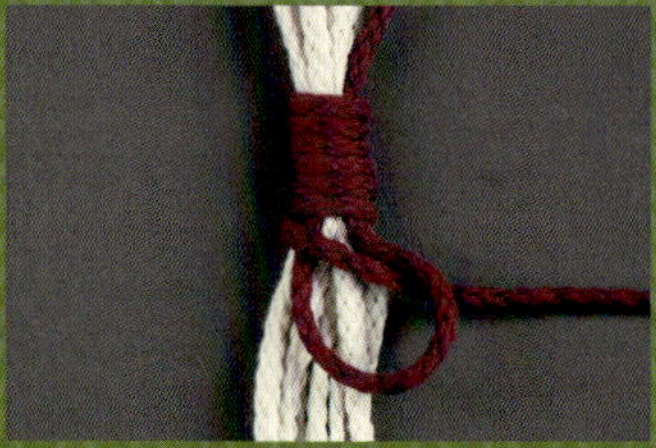

4 Ziehen Sie an dem oberen Fadenende um die Schlaufe zuzuziehen, sodass der durchgeführte Faden und die Schlaufe unter dem Umwickelten verschwinden. Wichtig: Ziehen Sie nicht so sehr, dass Sie die Schlaufe oben hervorziehen. Die Schlaufe sollte etwa auf der Hälfte unter dem Umwickelten liegen.

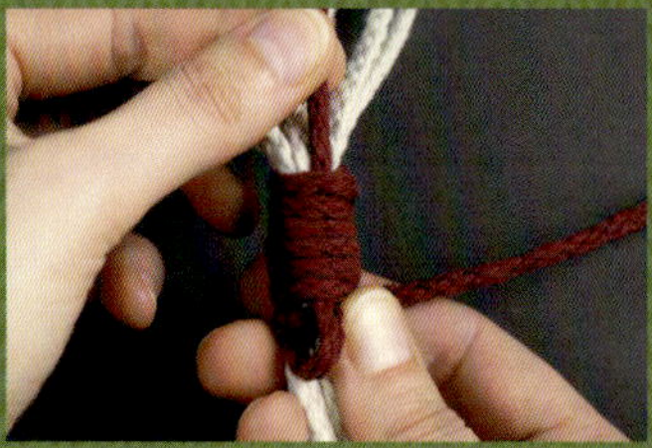

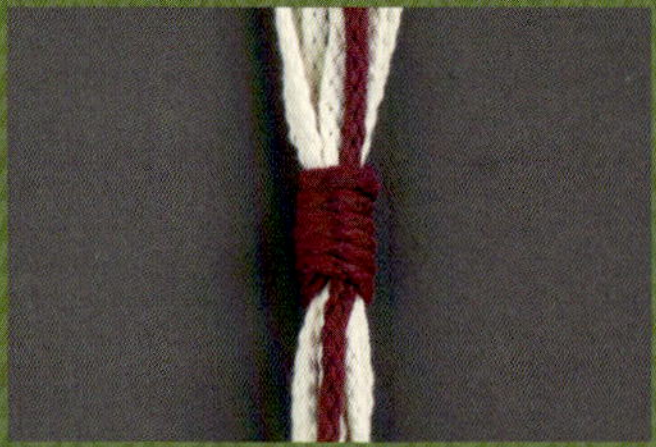

5 Schneiden Sie beide Enden bündig zum Wickelknoten ab.

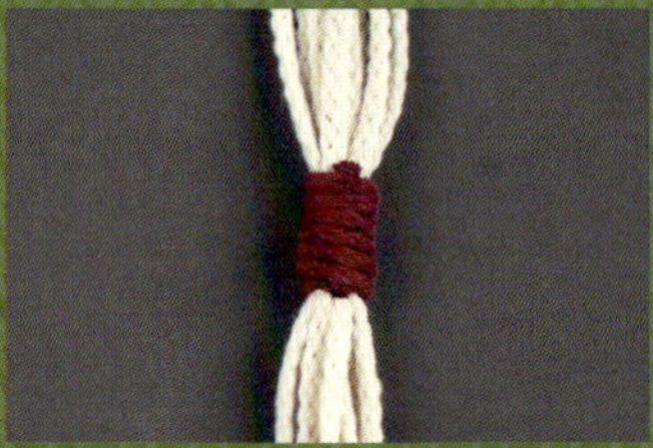

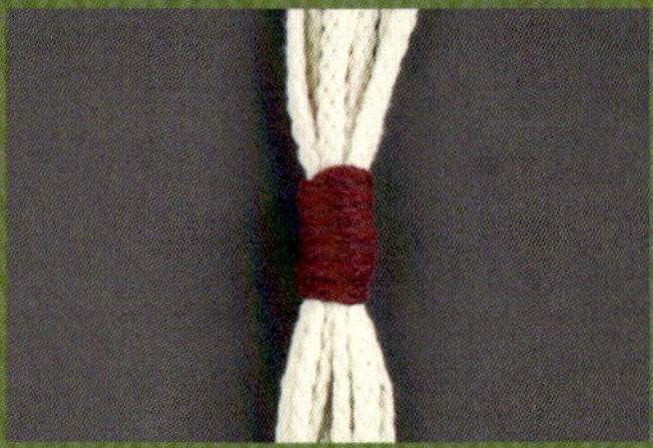

6 Mit farbigem Garn können Sie schöne Akzente setzen.

Beerenknoten

Der Beerenknoten oder auch Berryknot (engl.) ist eine Variation des Kreuzknotens. Er gibt einem Muster eine dreidimensionale Komponente.

1 Knoten Sie drei Kreuzknoten untereinander. Setzen Sie dabei den ersten Kreuzknoten in einem kleinen Abstand von etwa 0,5 cm zum Trägermedium (hier der Holzstab).

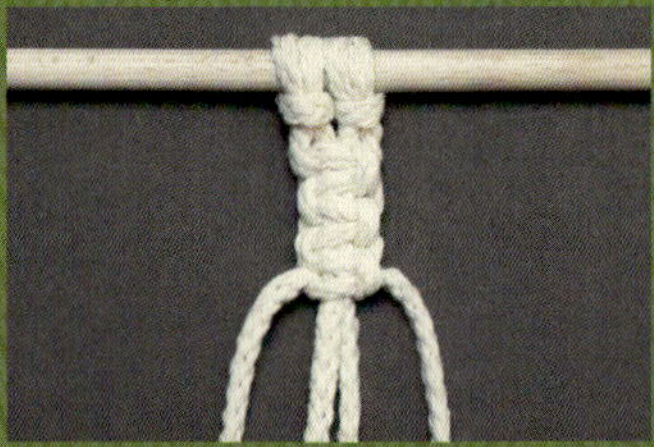

2 Die beiden Trägerfäden von vorne mittig durch den kleinen Zwischenraum zwischen Trägermedium und erstem Kreuzknoten führen.

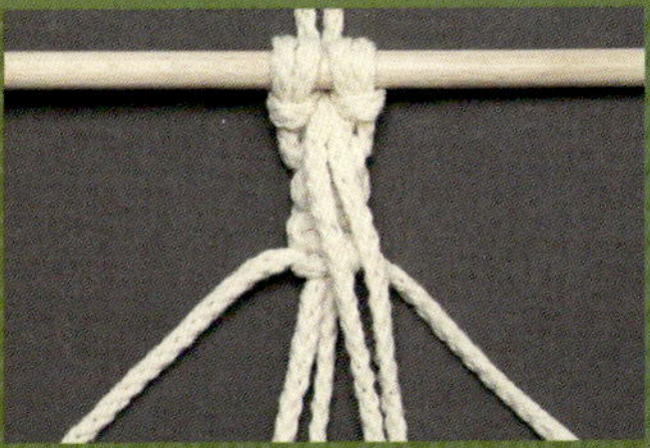

3 Ziehen Sie die Trägerfäden nach unten, sodass wieder vier Stränge vor Ihnen liegen. Der Beerenknoten zeigt nun schon seine rundliche Form.

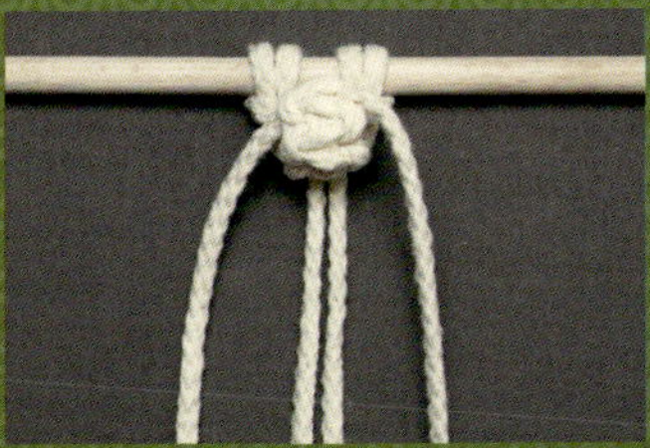

4 Um den Beerenknoten zu fixieren, einen weiteren Kreuzknoten knoten.

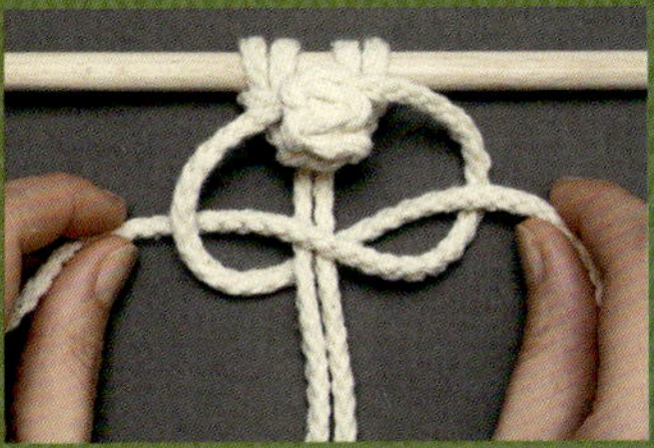

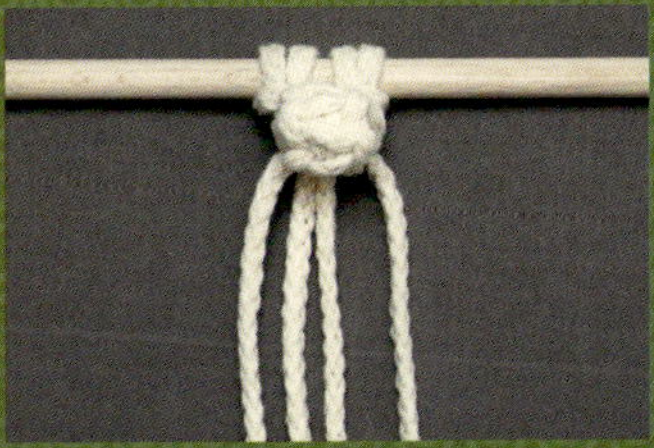

Klassisches Blumenampel-Netz

Folgende Anleitung gilt für mittelgroße Blumentöpfe (etwa 12 cm hoch, ø 14 cm). Passen Sie Ihr Netz gerne individuell an Ihren Pflanztopf an. Für kleine Töpfe werden die angegebenen Abstände verkleinert und für größere Töpfe werden sie vergrößert.

Um das Netz individuell anzupassen, folgen Sie Schritt 1-3, halten mit der Hand unten alle Stränge zusammen und stellen mit der anderen Hand den Pflanztopf vorsichtig in das Netz (lassen Sie sich hier auch gerne von einer zweiten Person helfen). Passen Sie anschließend ggf. die Abstände an, je nachdem wie gut ihr Topf in das Netz passt. Lockern Sie also wenn nötig die Knoten aus Schritt 2-3 und versetzen Sie diese.

1 Knoten Sie mit zwölf Strängen drei Kreuzknoten auf gleicher Höhe nebeneinander.

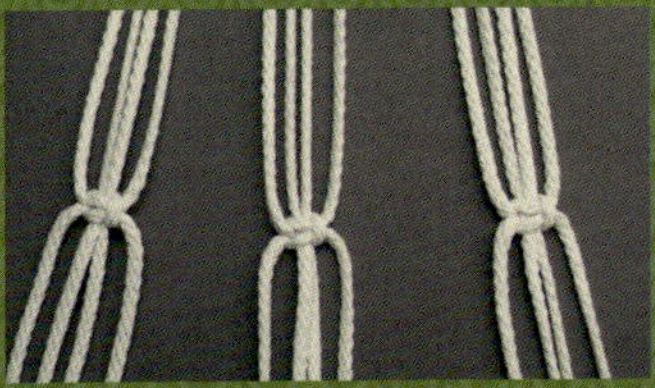

2 Die jeweils beiden äußeren Stränge beiseitelegen. Knoten Sie mit den restlichen acht Strängen zwei Kreuzknoten in einem Abstand von etwa 8 cm zu den drei Kreuzknoten aus Schritt 1.

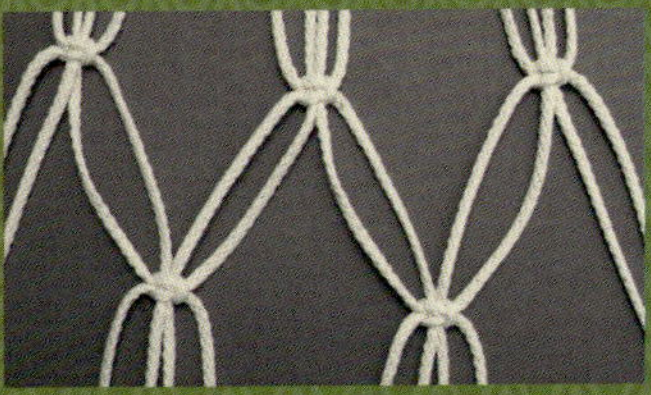

3 Nehmen Sie die in Schritt 2 weggelegten vier Stränge und führen Sie diese in der Mitte zusammen. Drehen Sie anschließend die jeweils beiden Stränge zueinander, sodass die soeben noch außenliegenden beiden Stränge nun innen liegen und als Trägerfäden für einen weiteren Kreuzknoten genutzt werden können. Knoten Sie den Kreuzknoten auf gleicher Höhe wie die beiden Kreuzknoten aus Schritt 2.

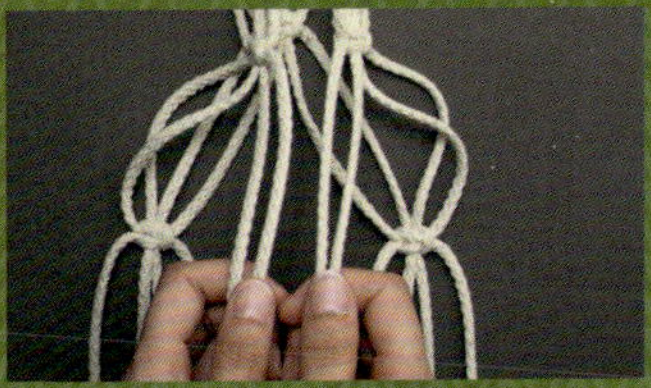

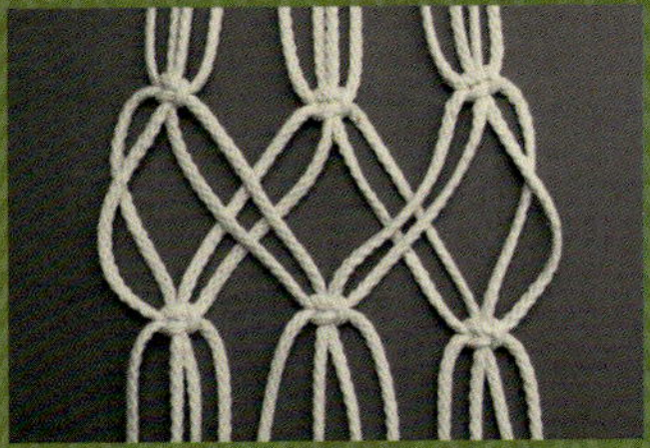

4 Alle Stränge mittig mit einem Wickelknoten zusammenhalten. Positionieren Sie ihn etwa 8 cm von den Kreuzknoten aus Schritt 2-3 entfernt.

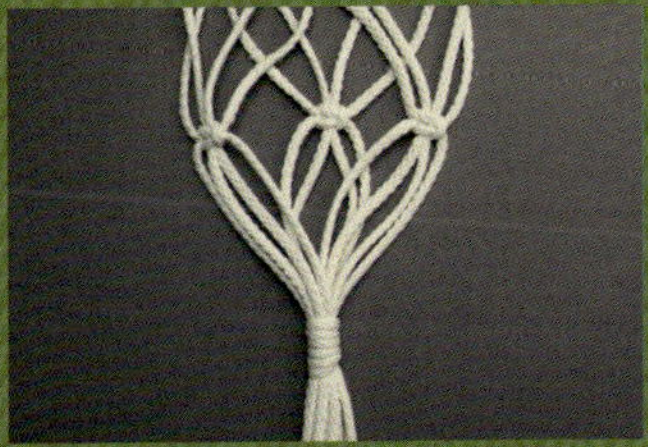

Wand-Blumenampel „Mila“

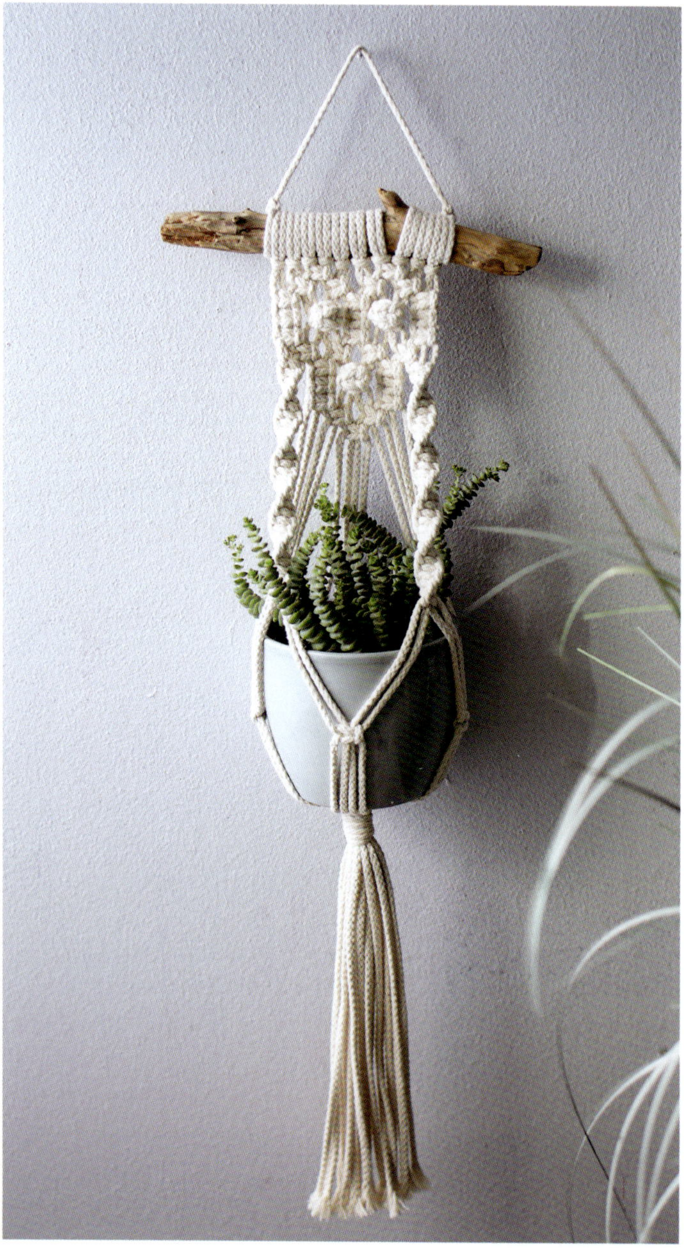

MOTIVHÖHE
ca. 66 cm
(ohne Aufhängung gemessen)

MATERIAL
- 10 Baumwollfäden in Natur, geflochten, ø 4 mm, 3 m lang
- Baumwollfaden in Natur, geflochten, ø 4 mm, 60 cm lang
- Baumwollfaden in Natur, geflochten, ø 4 mm, 40 cm lang
- Ast, 20 cm lang
- Schere

Meine Tipps für Sie:

Diese Blumenampel wird direkt an die Wand gehängt. Wie schon in der Grundanleitung für das Netz beschrieben, können Sie auch hier für größere Pflanztöpfe den Abstand zwischen den Knoten vergrößern.

1 Befestigen Sie 10 x 3 m lange Baumwollfäden mit dem von vorne geknoteten Ankerknoten am Ast.

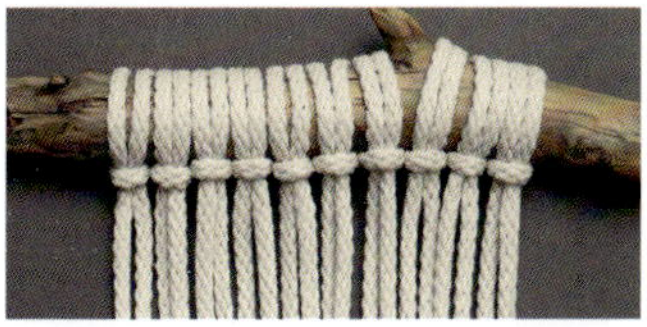

2 Die jeweils vier äußeren Stränge beiseitelegen. Knoten Sie anschließend mit den jeweils vier darauffolgenden Strängen einen Kreuzknoten. Die vier Stränge in der Mitte bleiben in diesem Schritt ungeknotet.

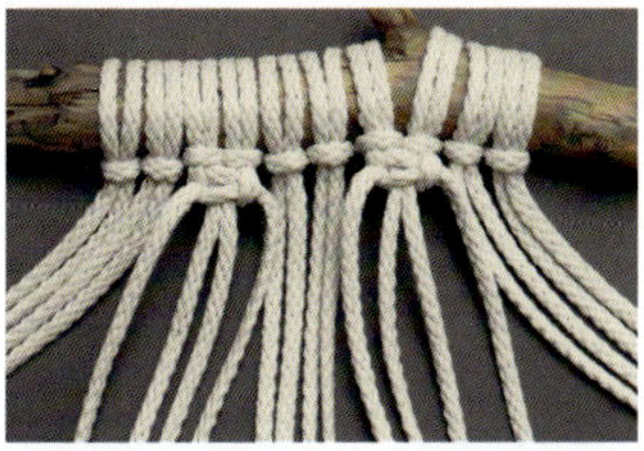

3 Nehmen Sie auf beiden Seiten jeweils zwei Stränge der in Schritt 2 weggelegten Stränge wieder hinzu, sodass nun 16 Stränge vor Ihnen liegen. Knoten Sie mit allen 16 Strängen vier Kreuzknoten nebeneinander.

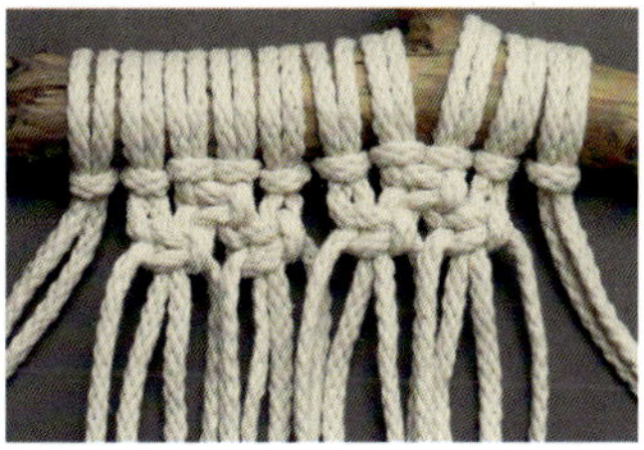

4 Die jeweils beiden beiseitegelegten Stränge hinzunehmen. Knoten Sie mit den jeweils vier äußeren und den vier mittleren Strängen drei Kreuzknoten untereinander.

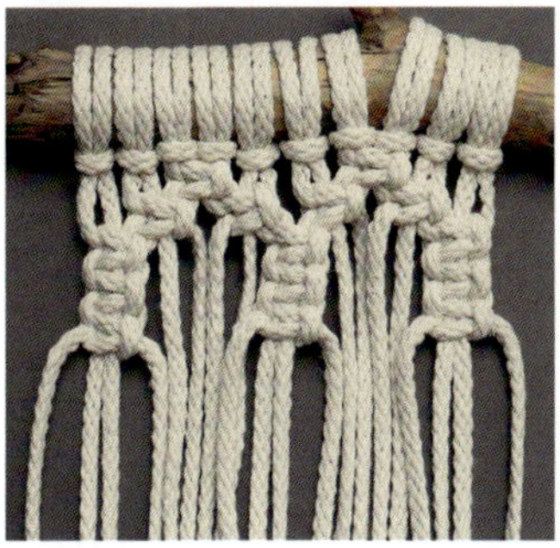

5 Zwischen den dreifachen Kreuzknoten aus Schritt 4 werden nun Beerenknoten geknotet. Legen Sie also die jeweils vier äußeren Stränge weg und knoten Sie mit den darauffolgenden vier Strängen jeweils einen Beerenknoten. Setzen Sie dafür den ersten Kreuzknoten des Beerenknotens etwa auf der Hälfte der benachbarten dreifachen Kreuzknoten.

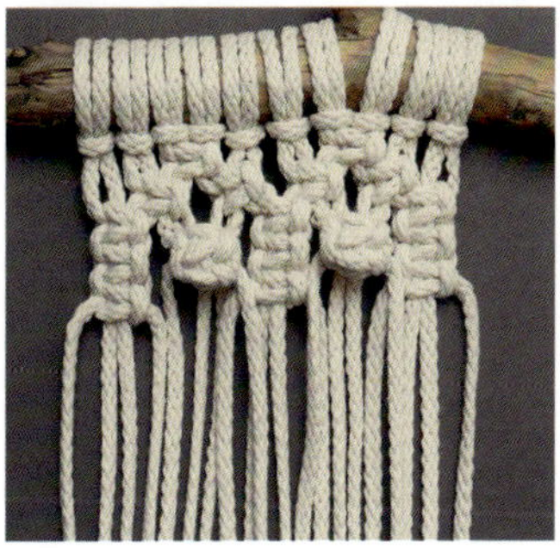

6 Legen Sie von allen Strängen jeweils die beiden äußeren weg. Knoten Sie mit den nun vor Ihnen liegenden 16 Strängen vier Kreuzknoten nebeneinander.

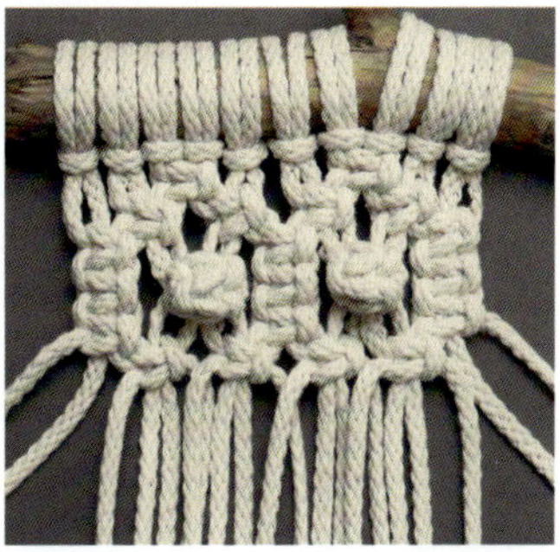

7 Es folgt wieder eine Abfolge von zwei dreifachen Kreuzknoten und einem dazwischenliegenden Beerenknoten. Legen Sie die jeweils vier äußeren Stränge aller Stränge weg. Knoten Sie mit den jeweils darauffolgenden vier Strängen drei Kreuzknoten untereinander. Mit den vier Strängen zwischen den beiden dreifachen Kreuzknoten erneut mittig einen Beerenknoten knoten.

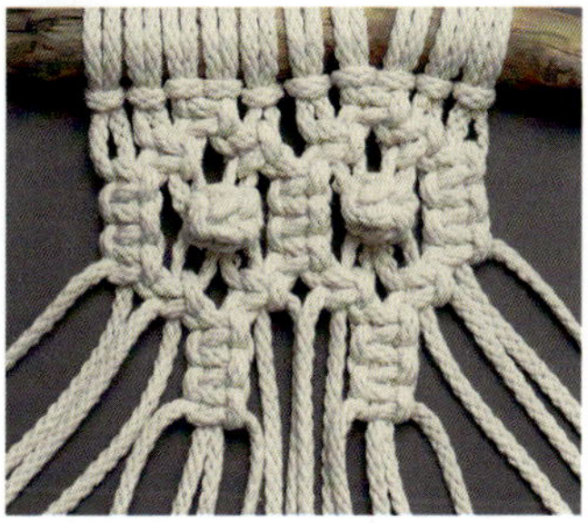

8 Zusätzlich zu den jeweils auf beiden Seiten weggelegten vier Strängen aus Schritt 7 jeweils zwei weitere Stränge beiseitelegen, sodass nun noch acht Stränge vor Ihnen liegen. Knoten Sie damit zwei Kreuzknoten nebeneinander.

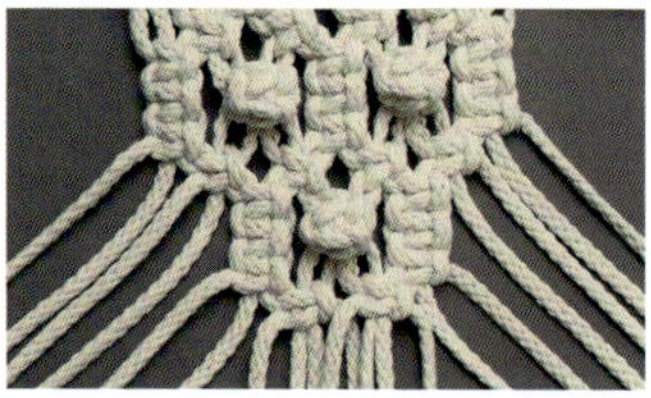

9 Knoten Sie abschließend für das Muster mit den vier mittleren Strängen einen Kreuzknoten.

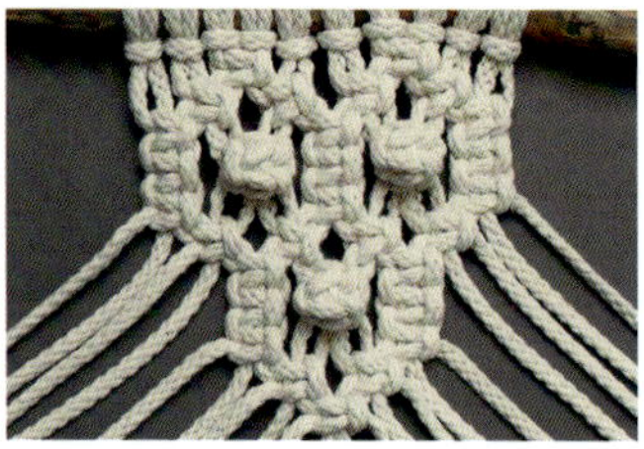

10 Mit den jeweils vier äußeren Strängen zwei gedrehte Stränge mit dem Wellenknoten knoten. Die Stränge sollten etwa 13 cm lang sein.

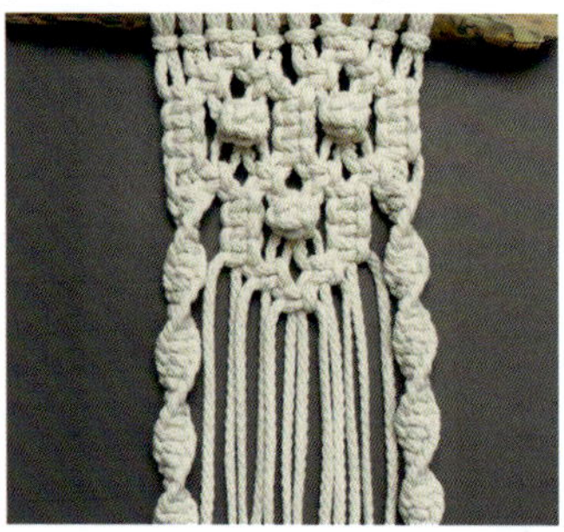

11 Es folgt das Netz, in dem später der Blumentopf sitzen wird. Knoten Sie mit den zwölf Strängen zwischen den gedrehten Strängen drei Kreuzknoten nebeneinander. Die Kreuzknoten werden etwa auf Höhe des letzten Wellenknotens der gedrehten Stränge positioniert.

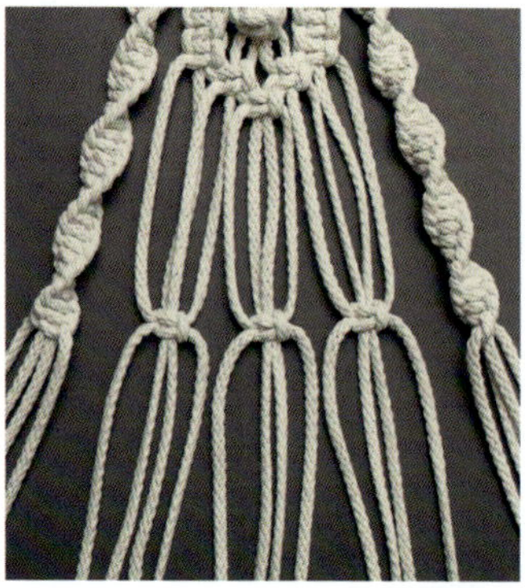

12 Legen Sie die äußeren beiden Stränge der gedrehten Stränge weg. Knoten Sie mit den nun vor Ihnen liegenden 16 Strängen vier Kreuzknoten nebeneinander. Die Kreuzknoten werden in einem Abstand von etwa 8 cm zu den Kreuzknoten aus Schritt 11 geknotet.

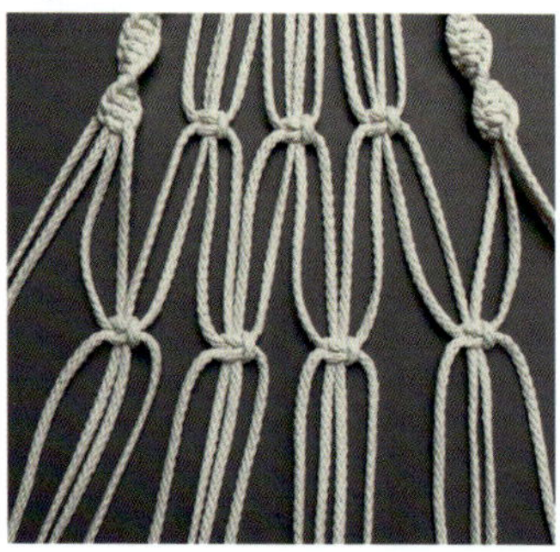

13 Nehmen Sie die jeweils zwei in Schritt 12 beiseitegelegten Stränge der gedrehten Stränge, drehen Sie diese zueinander und knoten Sie einen Kreuzknoten auf Höhe der Kreuzknoten aus Schritt 12. Durch das Zueinanderdrehen sollte der jeweils äußere Strang der gedrehten Stränge beim Kreuzknoten als Trägerfaden dienen.

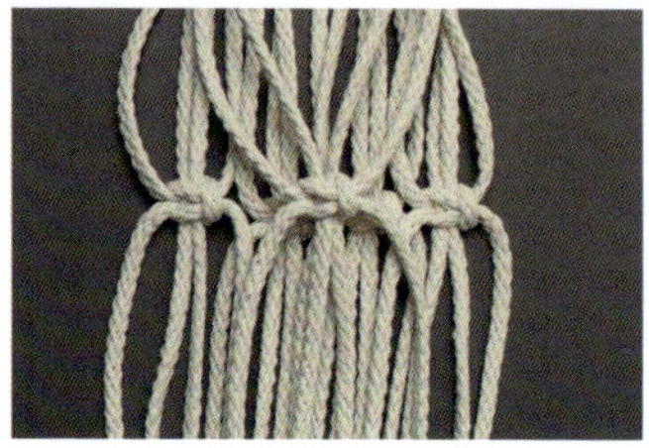

14 Als Abschluss des Netzes alle Fäden mit einem Wickelknoten zusammenhalten. Nutzen Sie dazu einen zusätzlichen 60 cm langen Baumwollfaden. Positionieren Sie den Wickelknoten etwa 8 cm von den Kreuzknoten aus Schritt 12-13 entfernt.

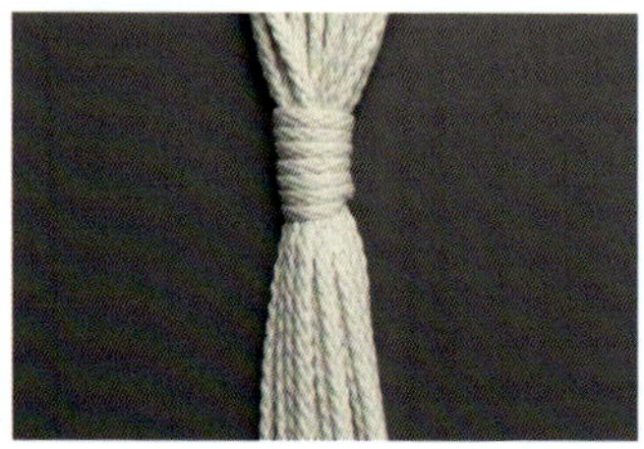

15 Kürzen Sie die Enden der Tassel wie gewünscht und befestigen Sie am Ast einen 40 cm langen Faden mit zwei Doppelknoten zum Aufhängen der Blumenampel.

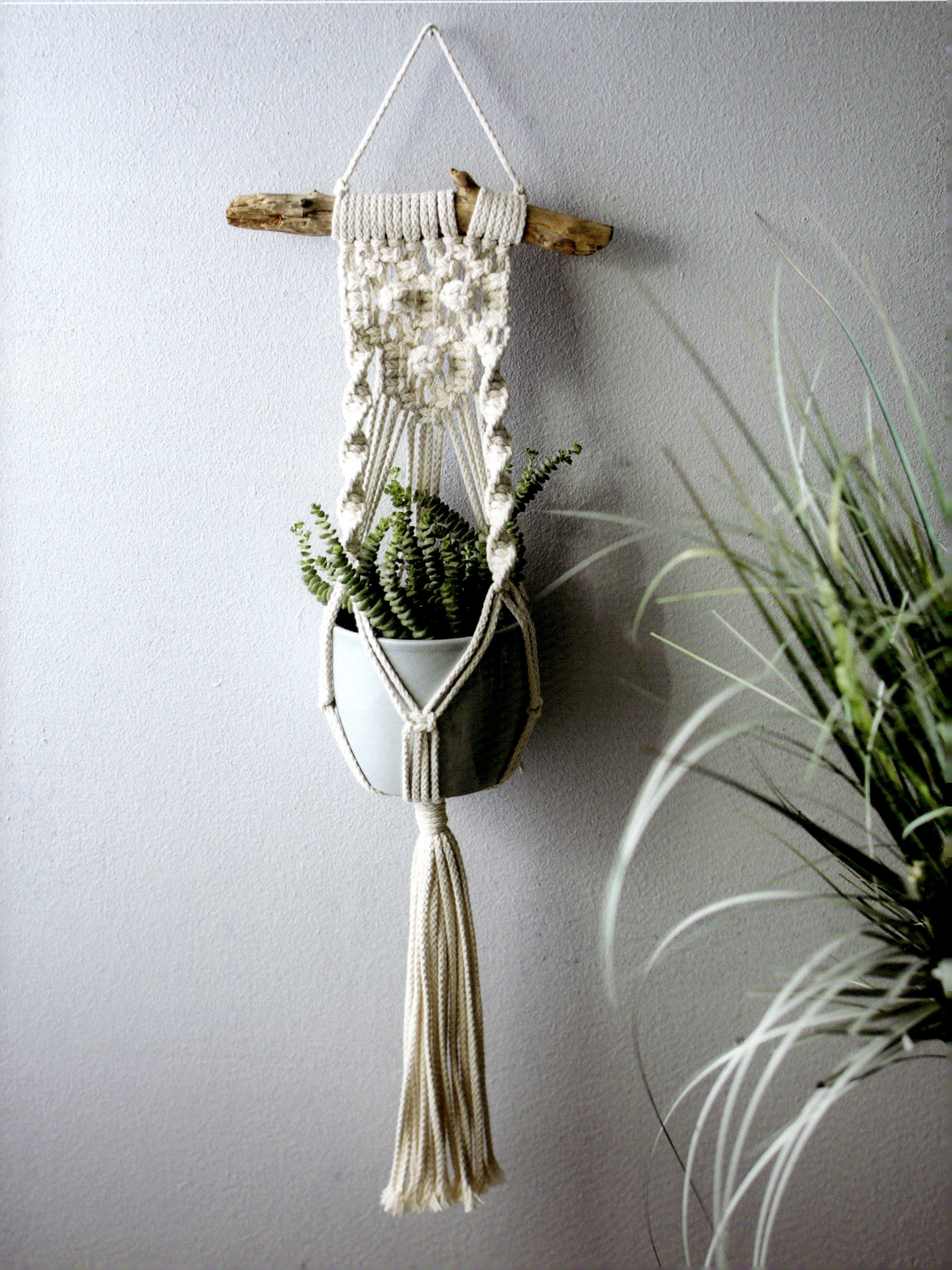

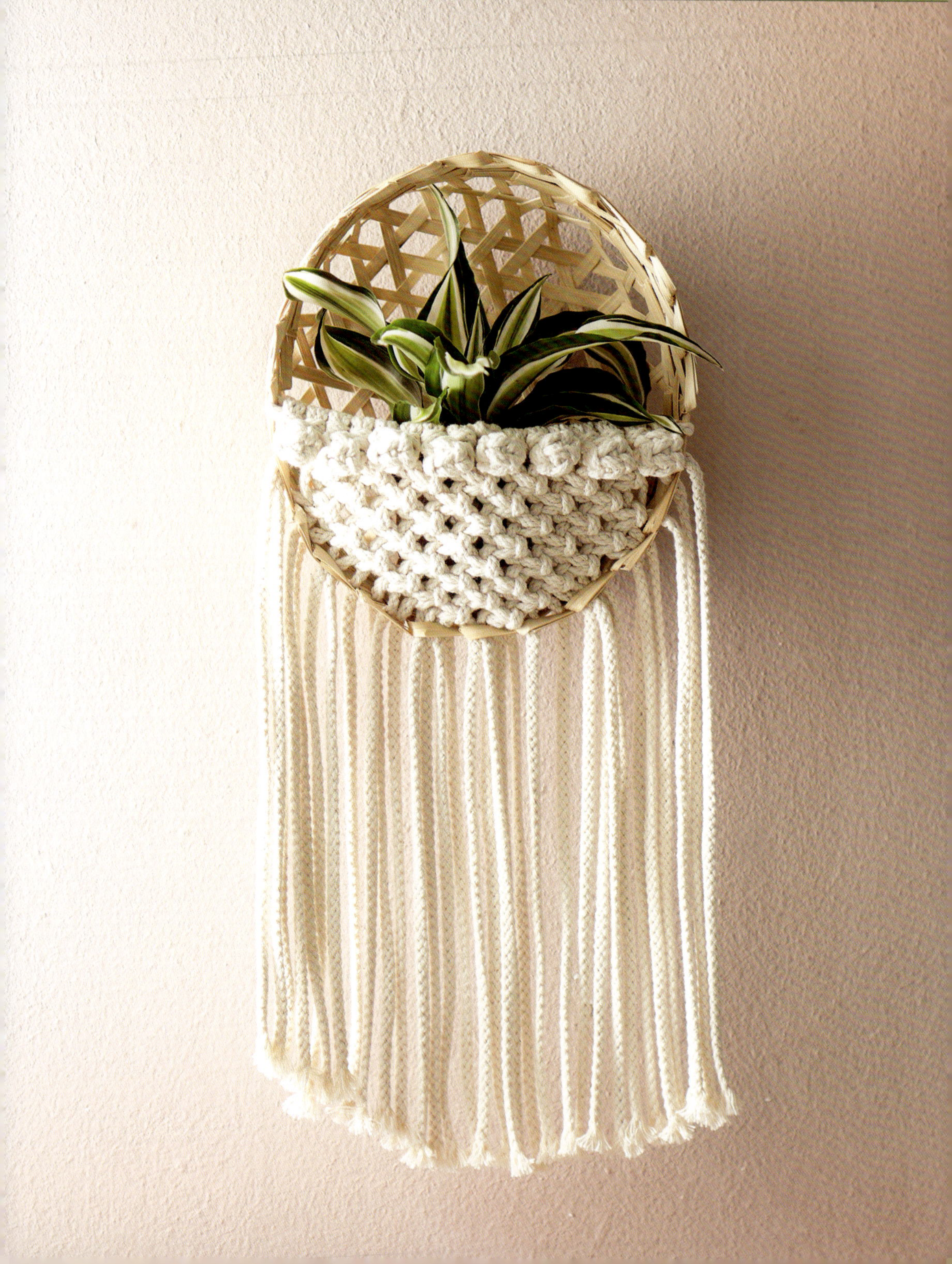

Wandkorb „Frida“

MOTIVHÖHE
ca. 43 cm

MATERIAL

- Baumwollfaden in Natur, geflochten, ø 4 mm, 2,10 m lang
- 15 Baumwollfäden in Natur, geflochten, ø 4 mm, 1,70 m lang
- Gewebter Korb, ø 20 cm, 8 cm tief
- Schere

Meine Tipps für Sie:

Der Korb kann auch schön mit Trockenblumen dekoriert werden.
Ein flacher Korb kann so auch als Wandtasche zur Aufbewahrung genutzt werden.

1 Führen Sie den 2,10 m langen Faden seitlich oben durch zwei sich gegenüberliegende Zwischenräume auf etwa der Hälfte des Korbes. Verknoten Sie anschließend die beiden Enden. Achten Sie darauf, dass die beiden Enden nach dem Verknoten etwa gleich lang sind, da mit ihnen auch das Muster geknotet wird.

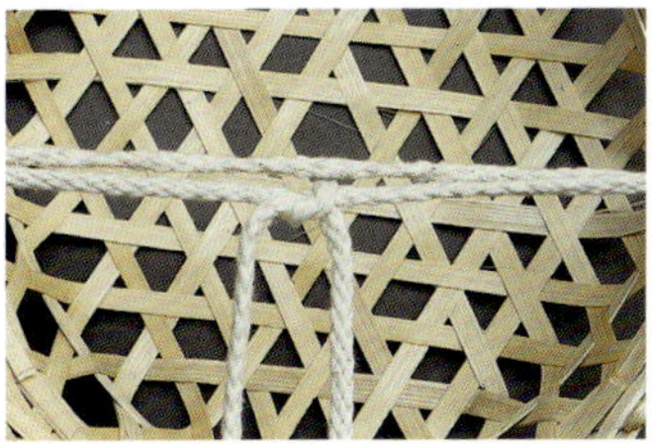

2 Mit dem von vorne geknoteten Ankerknoten 15 x 1,70 m lange Baumwollfäden an dem verknoteten Faden aus Schritt 1 befestigen.

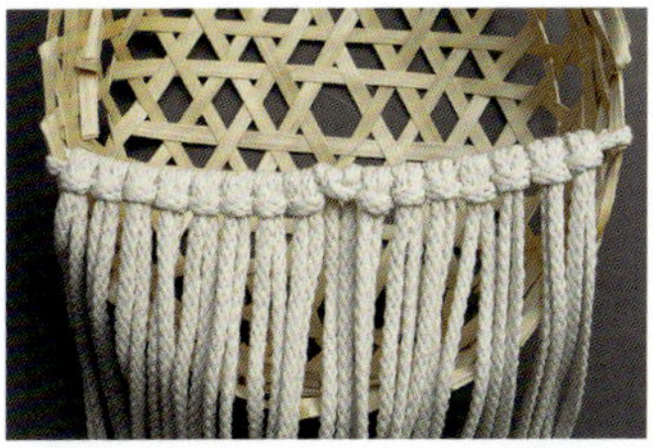

3 Knoten Sie mit allen 32 Strängen acht Beerenknoten nebeneinander.

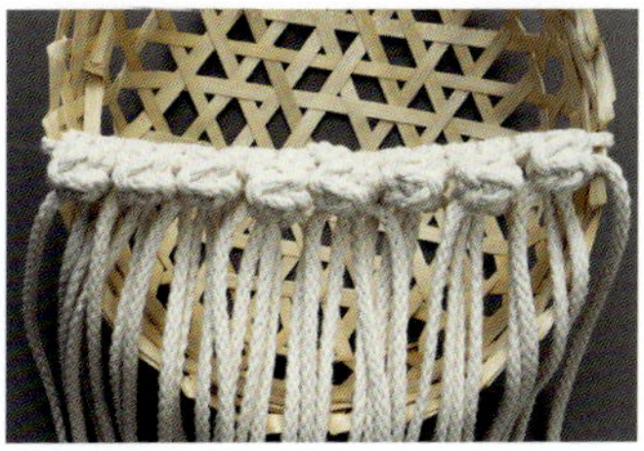

4 Im Folgenden werden Reihen aus Kreuzknoten geknotet, die den Korb nachformen. Je nachdem, was Sie für einen Korb benutzen, kann es sein, dass Sie Ihre Reihen Kreuzknoten anpassen und so von der Anleitung abweichen müssen. Achten Sie darauf, dass die Reihen Kreuzknoten immer innerhalb des Korbes liegen und nicht darüber hinausgehen, aber so weit wie möglich an dem Rand liegen. Legen Sie für die erste Reihe Kreuzknoten die jeweils beiden äußeren Stränge beiseite. Knoten Sie mit den restlichen 28 Strängen sieben Kreuzknoten.

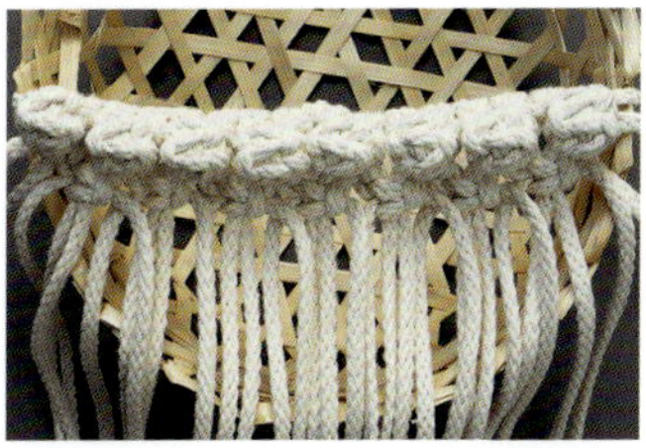

5 Legen Sie für die zweite Reihe Kreuzknoten zusätzlich zwei weitere Stränge auf beiden Seiten weg für eine weitere abnehmende Reihe. Mit den restlichen 24 Strängen sechs Kreuzknoten anfertigen.

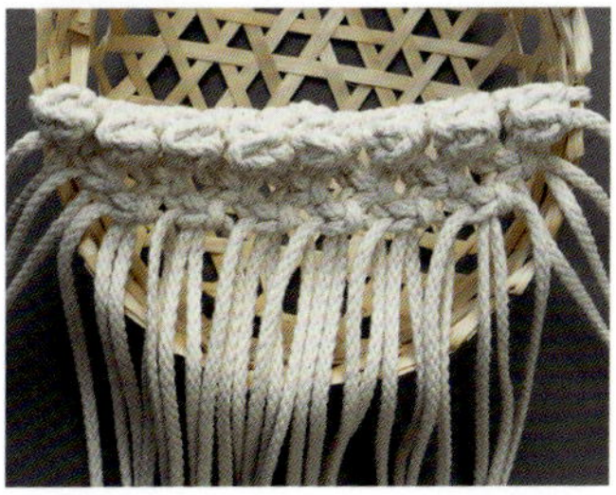

6 Es folgt eine zunehmende Reihe. Nehmen Sie dazu auf beiden Seiten jeweils zwei Stränge hinzu, sodass nun wieder 28 Stränge vor Ihnen liegen. Knoten Sie damit sieben Kreuzknoten.

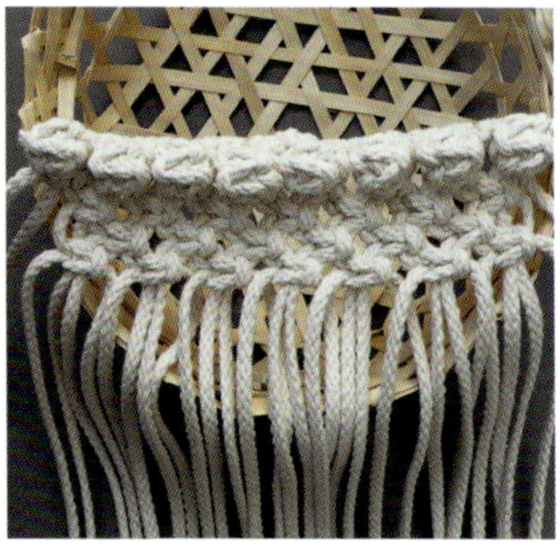

7 Jetzt werden nur noch abnehmende Reihen geknotet. Das bedeutet, Sie legen in jeder neuen Reihe zusätzlich auf beiden Seiten jeweils zwei Stränge weg, sodass Sie in jeder Reihe einen Kreuzknoten weniger knoten können. Legen Sie also für die vierte Reihe Kreuzknoten wieder auf beiden Seiten jeweils zwei Stränge weg und knoten Sie mit den restlichen 24 Strängen sechs Kreuzknoten.

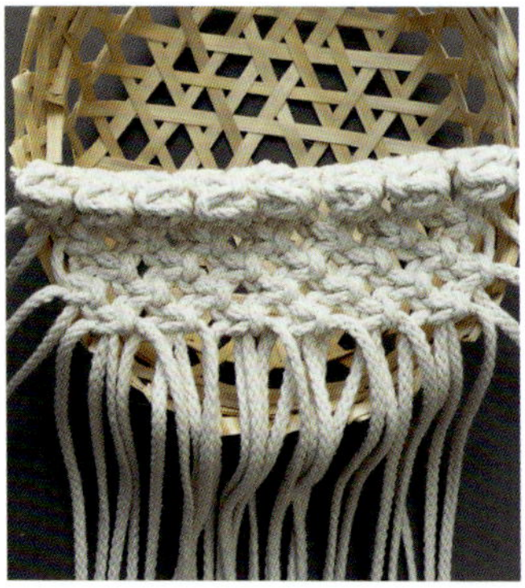

8 In der nächsten Reihe knoten Sie mit 20 Strängen nur noch fünf Kreuzknoten, dann mit 16 Strängen vier Kreuzknoten usw. bis Sie an den unteren Rand des Korbes gelangen und nur noch zwei Kreuzknoten knoten können. Sie haben nun die untere Hälfte des Korbes mit Knoten bedeckt.

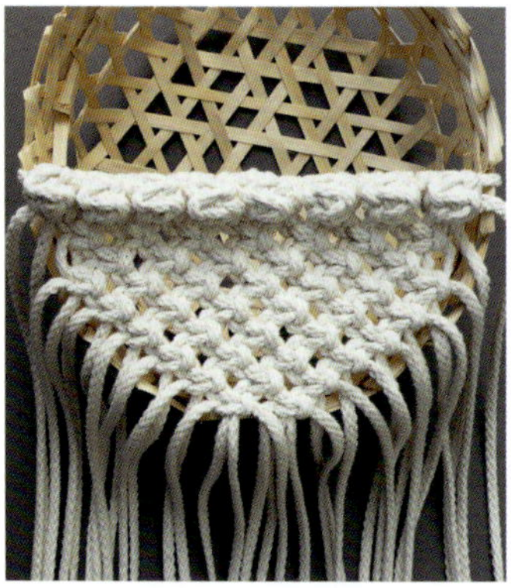

9 Zum Schluss werden die Enden durch die Zwischenräume des Korbes gezogen. Je nach Korb kann das etwas schwieriger sein, wenn die Zwischenräume eher klein sind. Bei kleinen Zwischenräumen sind keine anschließenden Knoten zur Fixierung notwendig. Sollten Sie an einem Korb mit größeren Zwischenräumen arbeiten, dann können Sie nach dem Durchziehen der Stränge einen normalen Knoten setzen oder mehrere Stränge gruppieren und mit einem Wickelknoten zusammenhalten, sodass sie nicht wieder durch den Zwischenraum herausrutschen können.

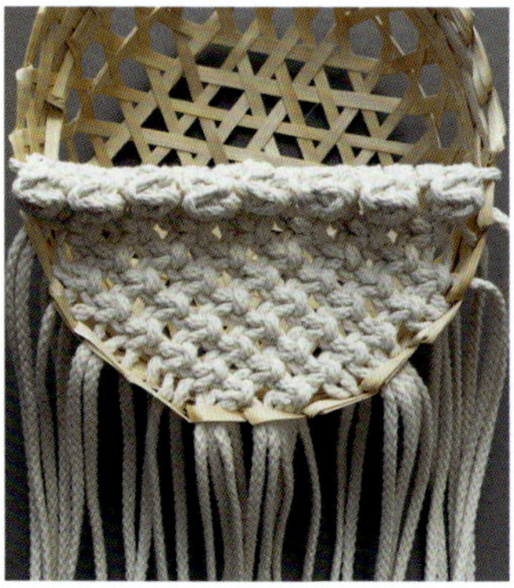

10 Kürzen Sie die Enden wie gewünscht.

Blumenampel „Aurora“

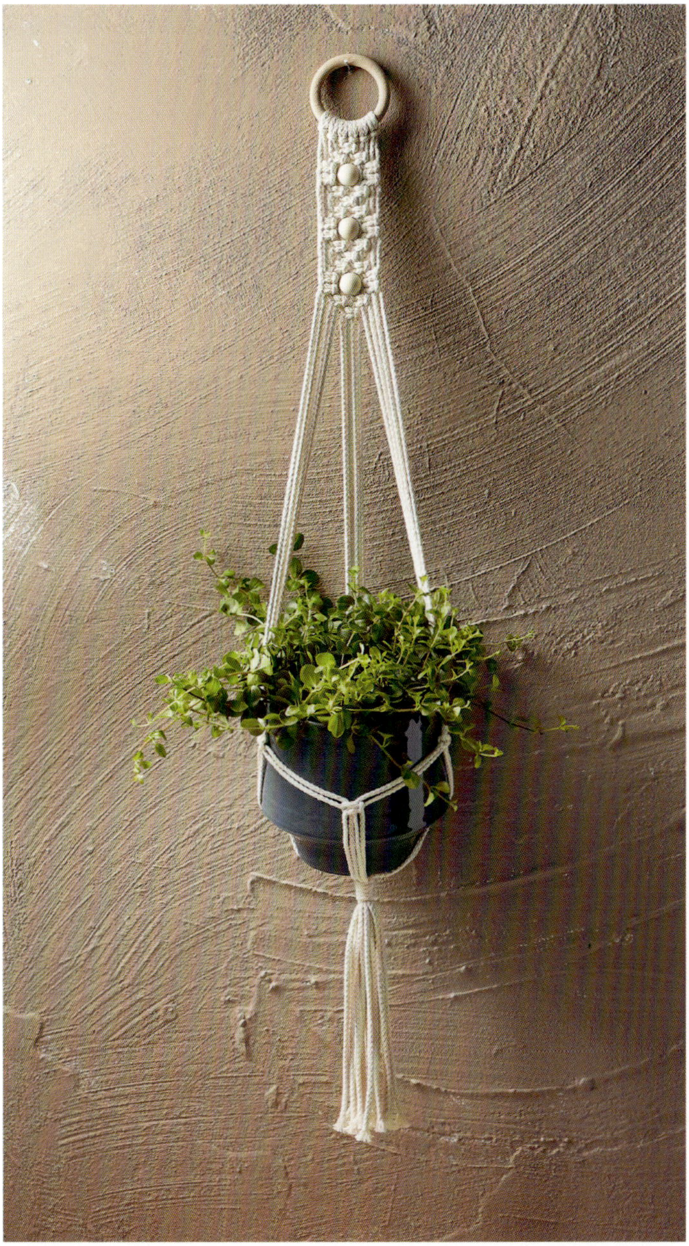

MOTIVHÖHE

ca. 98 cm

MATERIAL

- 6 Baumwollfäden in Natur, geflochten, ø 4 mm, 3 m lang
- Baumwollfaden in Natur, geflochten, ø 4 mm, 60 cm lang
- Holzring, ø 7 cm
- 3 Holzperlen, ø 2 cm
- Schere

Mein Tipp für Sie:

Nutzen Sie gerne ausgefallene Perlen, um Ihre Blumenampel individueller zu gestalten.

1 Befestigen Sie 6 x 3 m lange Baumwollfäden mit dem von vorne geknoteten Ankerknoten unten am Holzring.

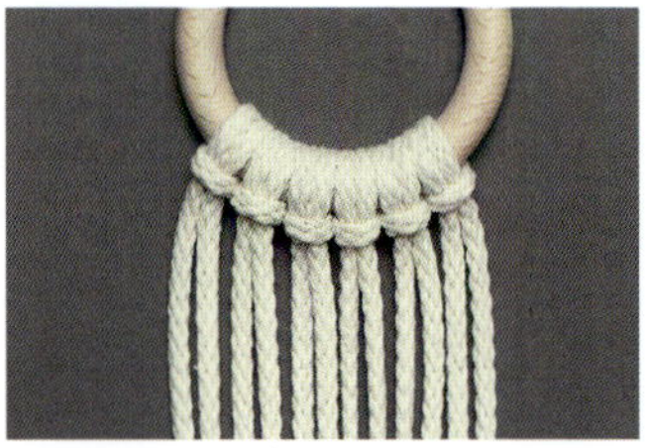

2 Mit den vier mittleren Strängen einen Kreuzknoten knoten.

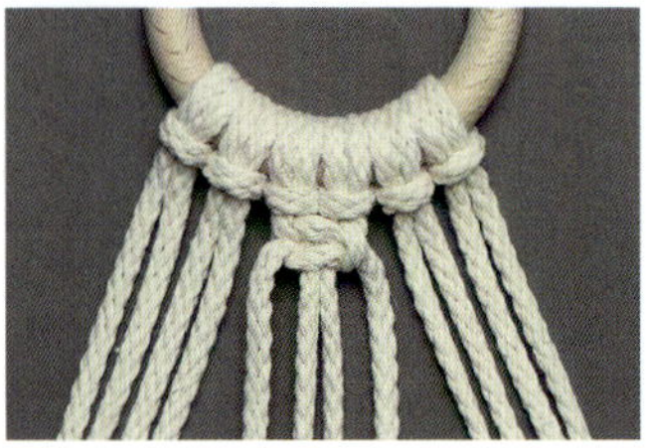

3 Nehmen Sie auf beiden Seiten jeweils zwei Stränge hinzu. Knoten Sie mit den acht Strängen zwei Kreuzknoten.

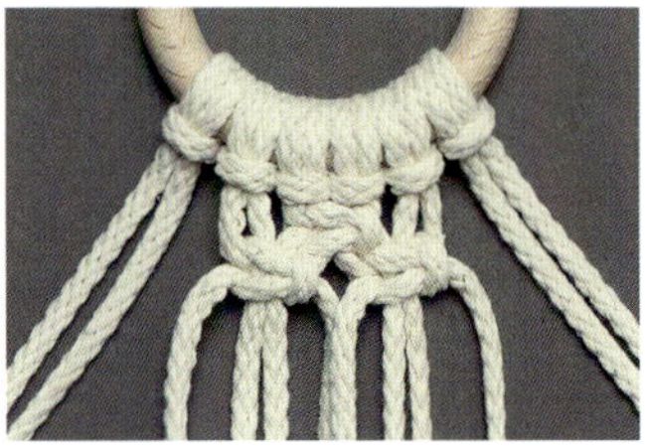

4 Mit den jeweils vier äußeren Strängen einen Doppelkreuzknoten (= zwei Kreuzknoten untereinander) knoten.

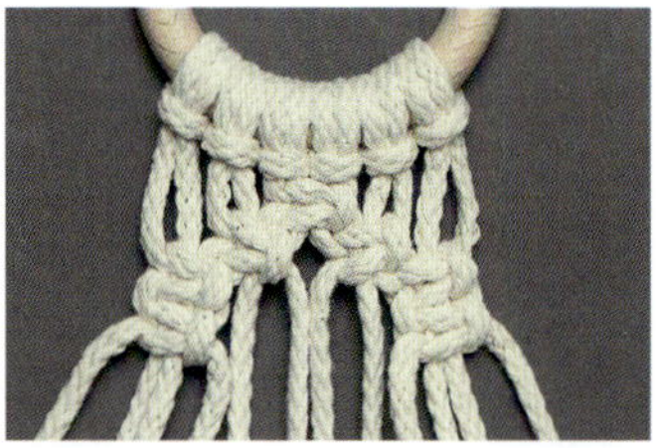

5 Fädeln Sie auf die beiden mittleren Fäden eine Holzperle auf.

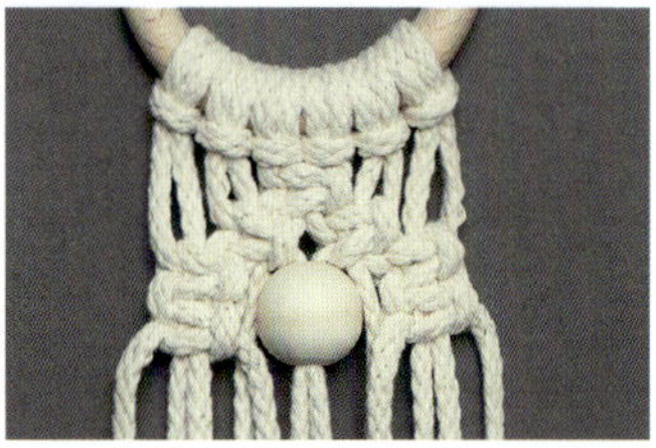

6 Legen Sie die jeweils beiden äußeren Stränge weg und knoten Sie mit den restlichen acht Strängen zwei Kreuzknoten nebeneiner.

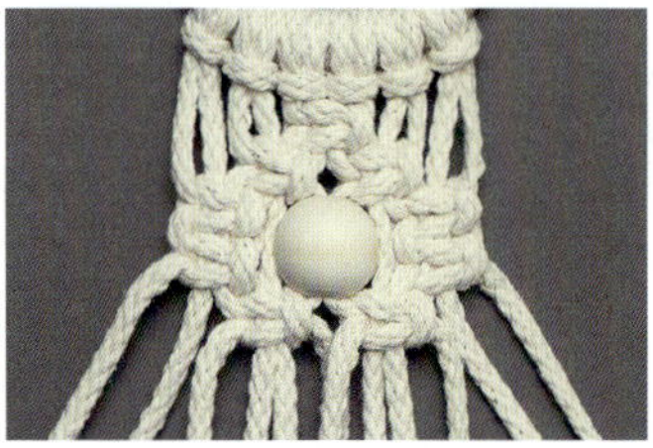

7 Mit den vier mittleren Strängen einen Kreuzknoten knoten.

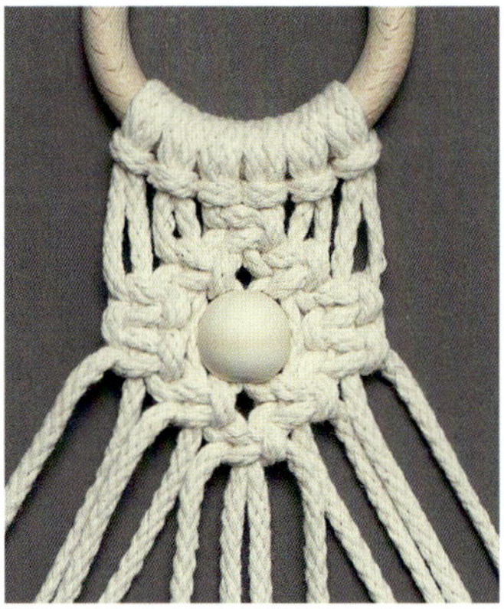

8 Wiederholen Sie Schritt 3-7 bis Sie gesamt drei Rauten aus Kreuzknoten und Holzperle geknotet haben.

9 Das Netz für die Pflanze wie in der Grundanleitung (s. Seite 7) beschrieben anfertigen. Knoten Sie es auf der gewünschten Höhe. Mein Netz beginnt 35 cm vom Muster entfernt.

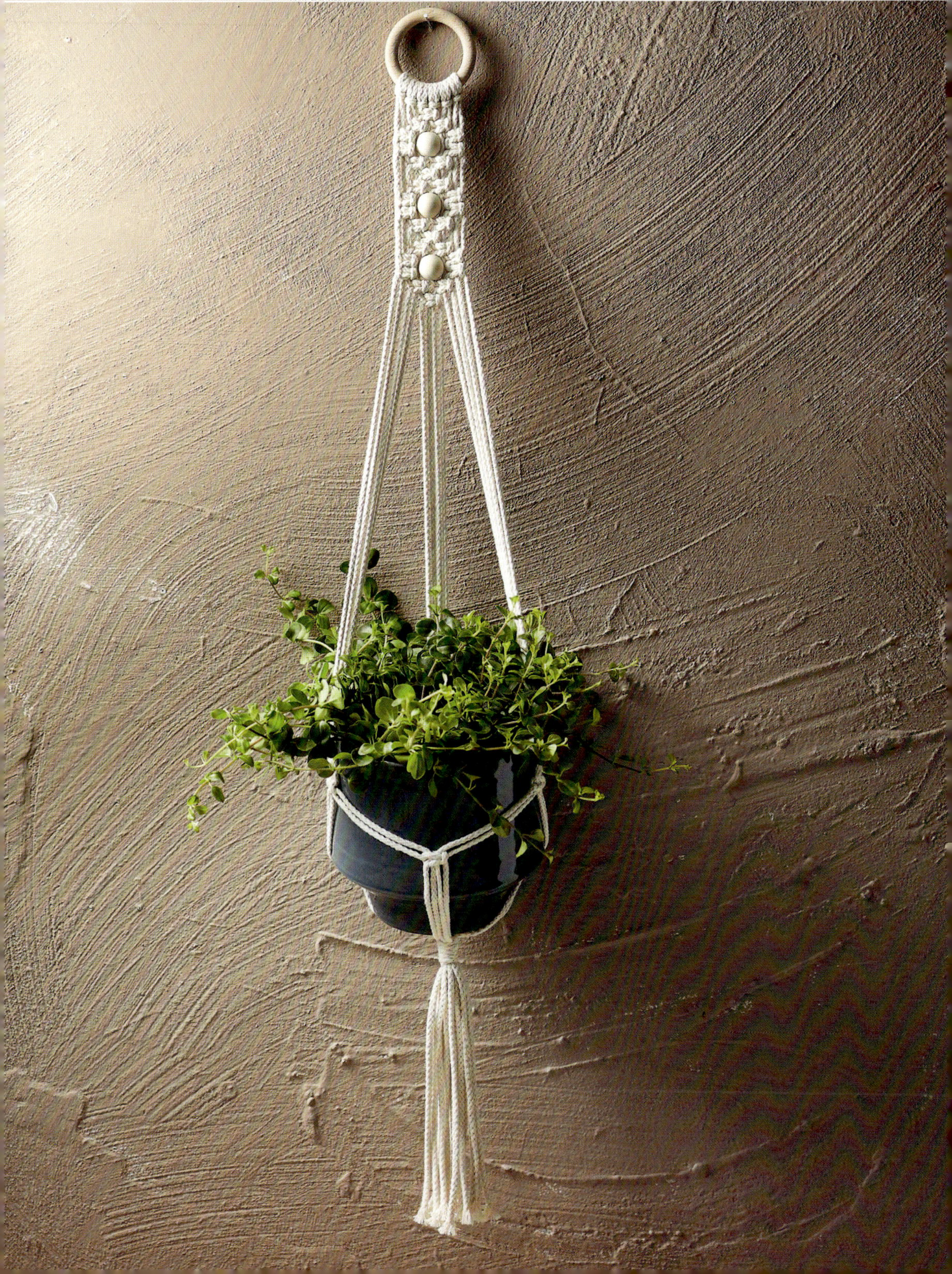

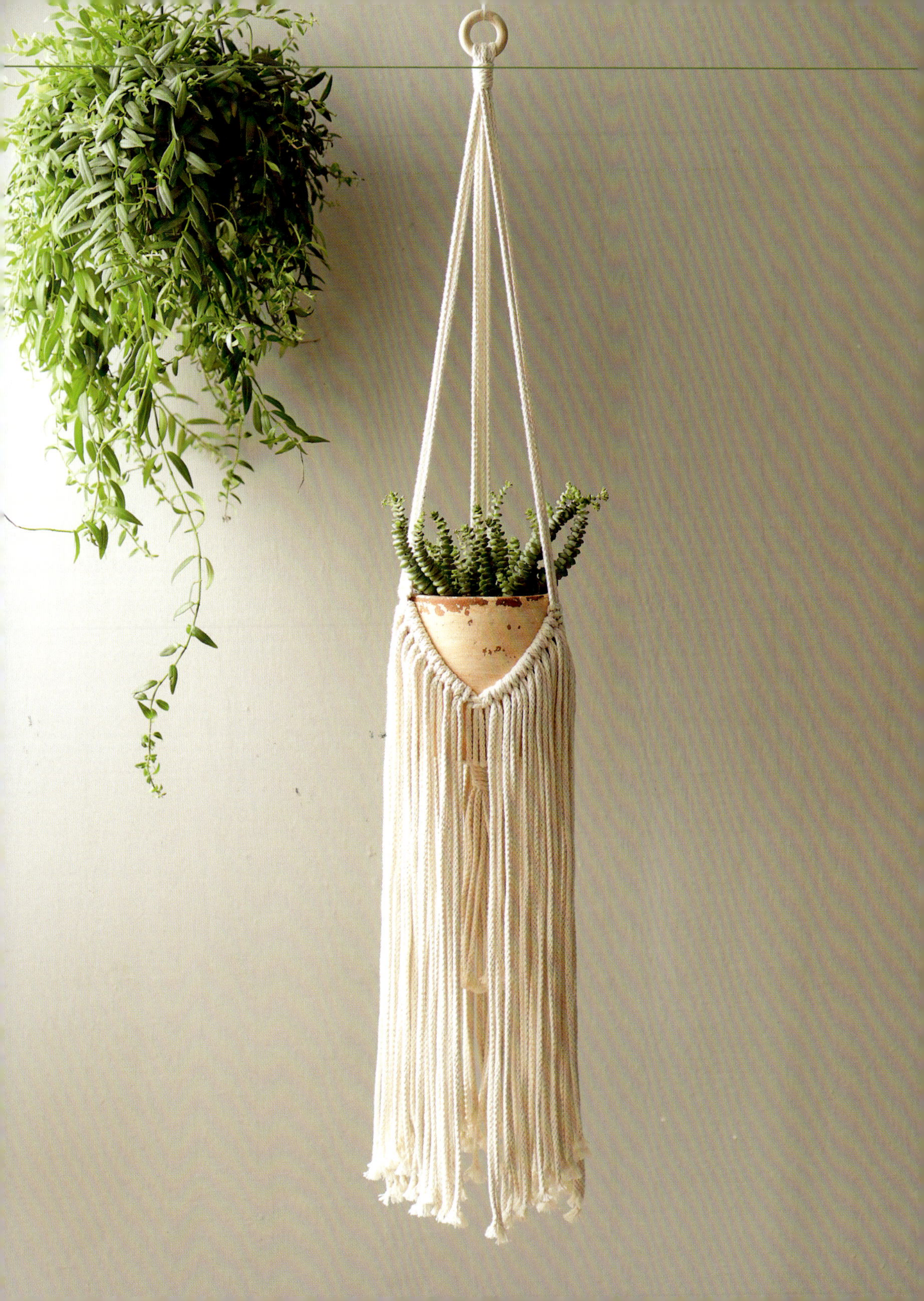

Blumenampel „Ivy“

MOTIVLÄNGE
ca. 1 m

MATERIAL

- 2 Baumwollfäden in Natur, geflochten, ø 4 mm, 60 cm lang
- 6 Baumwollfäden in Natur, geflochten, ø 4 mm, 2 m lang
- 54 Baumwollfäden in Natur, geflochten, ø 4 mm, 1 m lang
- Holzring, ø 4 cm
- Schere

1 Ziehen Sie 6 x 2 m lange Baumwollfäden bis zur Hälfte durch den Holzring und fixieren Sie diese mit einem Wickelknoten direkt unter dem Holzring. Für den Wickelknoten einen 60 cm langen Baumwollfaden nutzen.

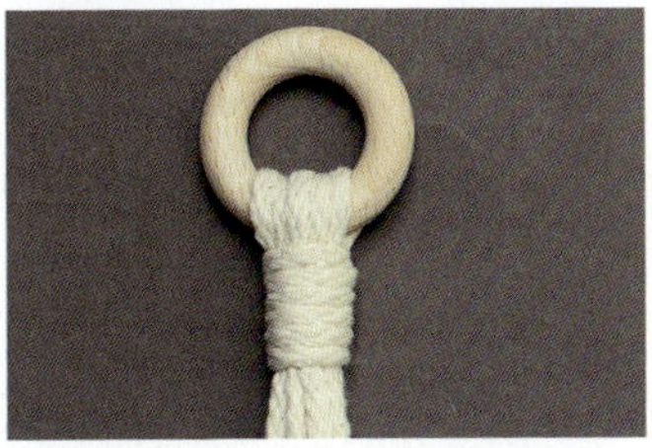

2 Knoten Sie das Netz für den Blumentopf wie in der Grundanleitung (s. Seite 7) beschrieben. Die ersten Kreuzknoten für das Netz werden etwa 40 cm vom Wickelknoten entfernt positioniert. Die Netzgröße bestimmt auch, wie viele Fransen befestigt werden können. In meinem Modell sind die beiden Reihen Kreuzknoten des Netzes 8 cm voneinander entfernt.

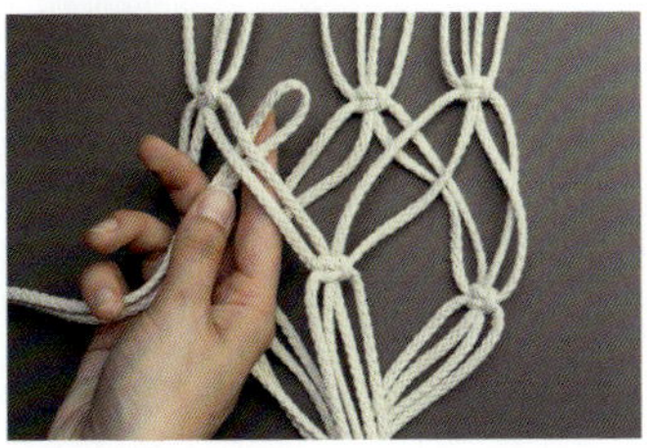

3 Befestigen Sie jeweils 9 x 1 m lange Baumwollfäden mit dem von hinten geknoteten Ankerknoten an den beiden Strängen zwischen den beiden Kreuzknoten Reihen bis Sie gesamt 54 Fäden befestigt haben.

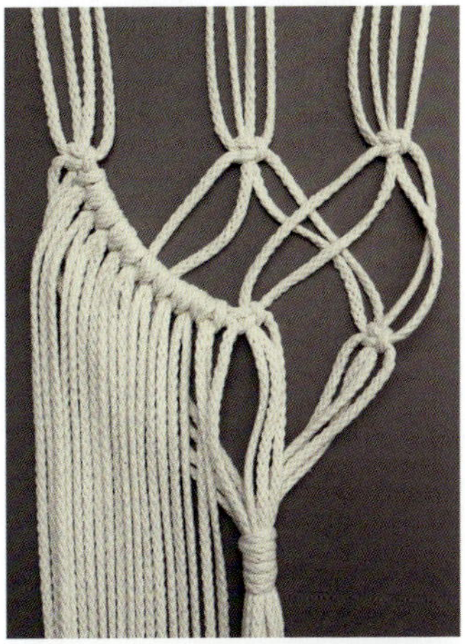

Mein Tipp für Sie:

Diese Blumenampel sieht auch mit farbigem Garn traumhaft aus.

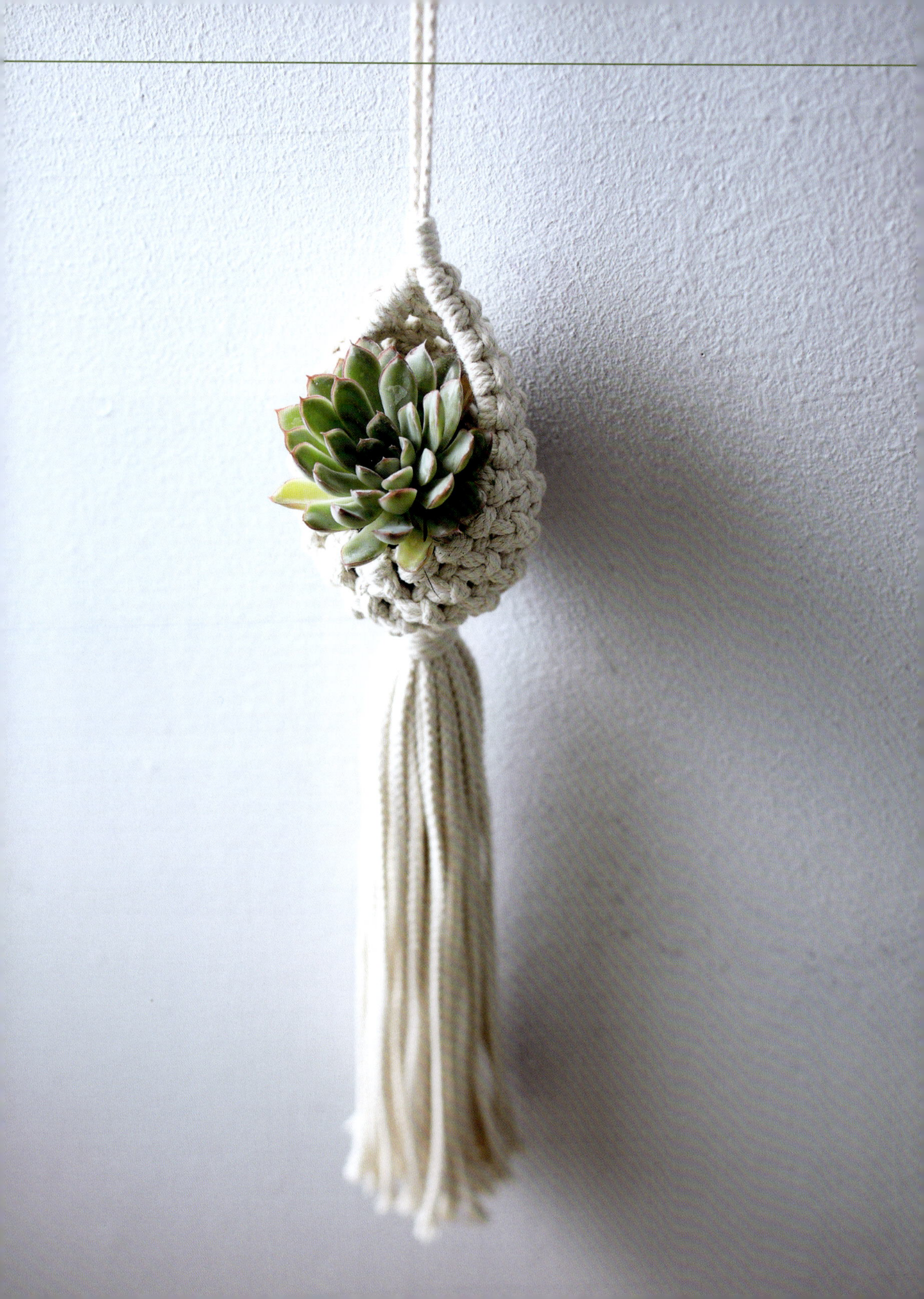

Körbchen „Mavie“

MOTIVLÄNGE
ca. 70 cm

MATERIAL

- Baumwollfaden in Natur, geflochten, ø 4 mm, 2,40 m lang
- 21 Baumwollfäden in Natur, geflochten, ø 4 mm, 1,50 m lang
- Baumwollfaden in Natur, geflochten, ø 4 mm, 50 cm lang
- Baumwollfaden in Natur, geflochten, ø 4 mm, 80 cm lang
- Holzring, ø 4 cm
- Schere

1 Befestigen Sie einen 2,40 m langen Baumwollfaden mit dem von vorne geknoteten Ankerknoten unten am Holzring.

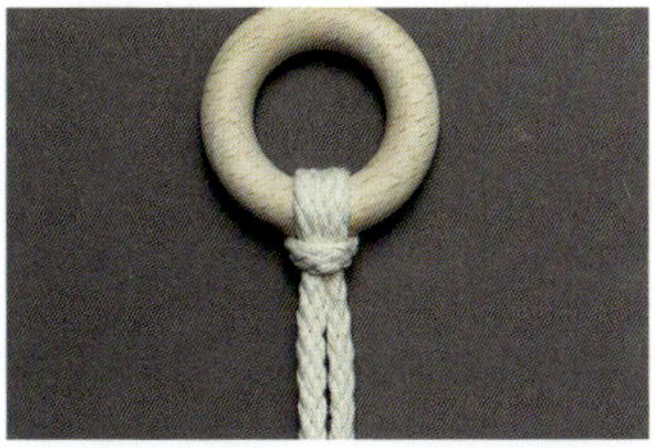

2 In einem Abstand von etwa 24 cm zum Holzring mit einem 50 cm langen Baumwollfaden einen Wickelknoten knoten.

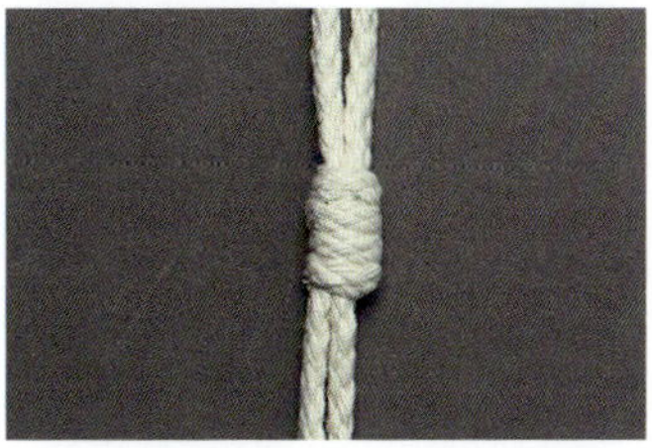

3 Befestigen Sie jeweils 10 x 1,50 m lange Baumwollfäden mit dem von vorne geknoteten Ankerknoten an beiden Strängen unterhalb des Wickelknotens aus Schritt 2, sodass die Enden nach dem Befestigen nach außen verlaufen.

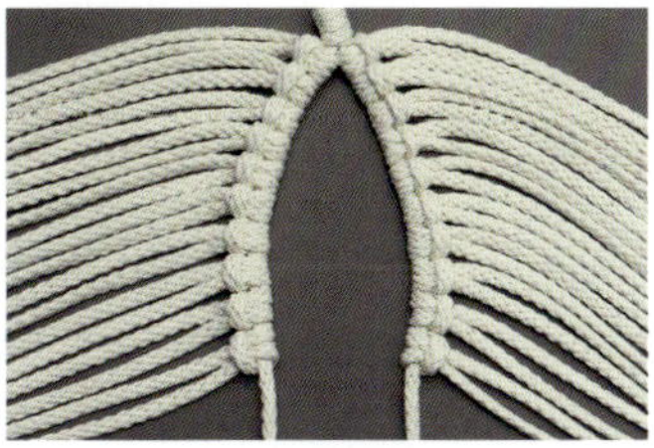

4 Die beiden Trägerfäden aus Schritt 3 überkreuzen. Über den überkreuzten Bereich einen 1,50 m langen Baumwollfaden mit dem von vorne geknoteten Ankerknoten befestigen. Danach an den beiden Trägerfäden ziehen, um den Zwischenraum zu schließen, sodass der Ankerknoten auf Höhe der anderen Ankerknoten aus Schritt 3 liegt.

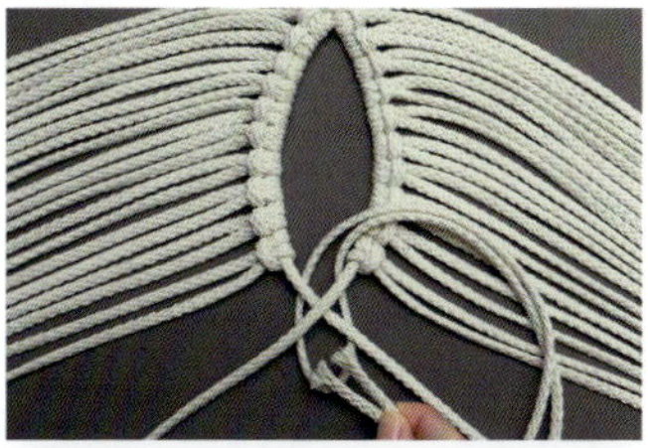

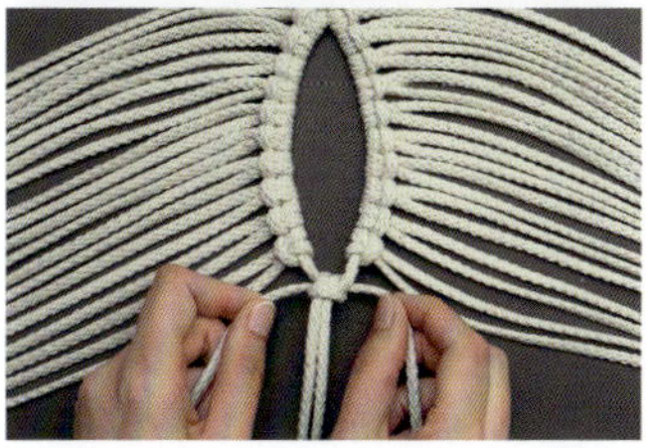

5 Heben Sie das Gebilde an, sodass alle Stränge nach unten hängen und wenden Sie es, sodass Sie nun die Rückseite des künftigen Körbchens anschaut.

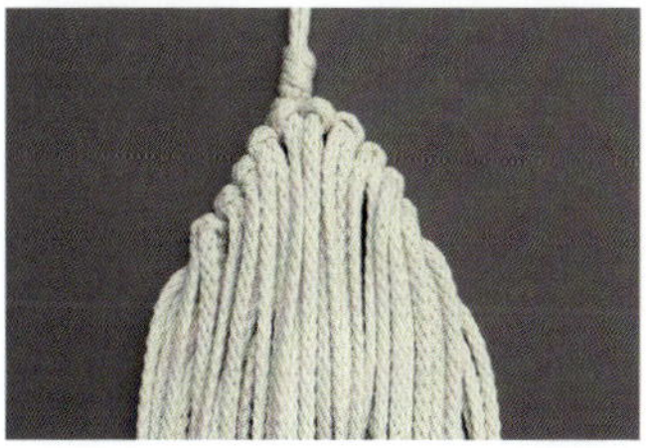

6 Mit den mittleren vier Strängen einen Kreuzknoten knoten. Legen Sie am besten alle nicht benötigen Stränge zur Seite, damit Sie beim Knoten nicht durcheinanderkommen.

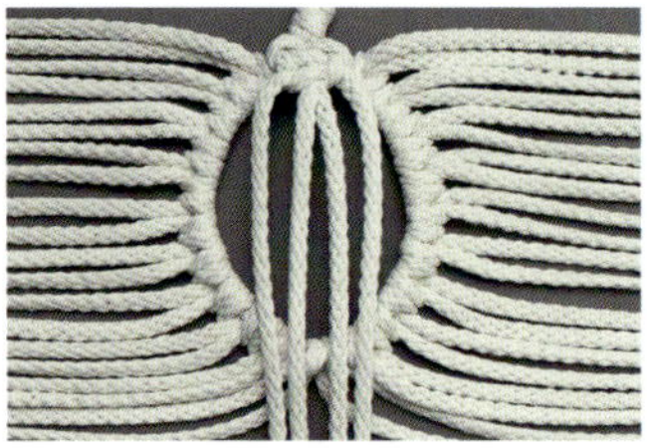

7 Es folgen zunehmende Reihen. Nehmen Sie dazu auf beiden Seiten jeweils zwei Stränge hinzu, sodass nun acht Stränge vor Ihnen liegen. Knoten Sie damit zwei Kreuzknoten nebeneinander.

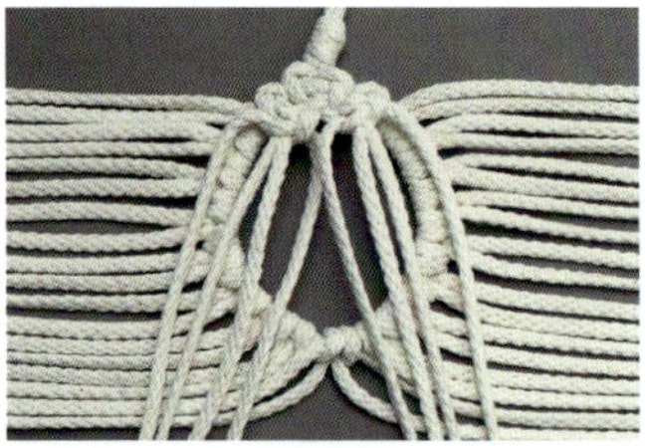

Mein Tipp für Sie:

Sie können solch ein Körbchen auch mit größeren Maßen knoten. Befestigen Sie dazu zusätzliche Fäden in Schritt 3 (immer eine gerade Anzahl an Fäden) und knoten Sie weitere Runden. Bei größeren Maßen müssen auch die Längen der Stränge angepasst werden.

8 Wiederholen Sie das Prinzip aus Schritt 7 bis Sie gesamt neun zunehmende Reihen aus Kreuzknoten geknotet haben. Nehmen Sie also in jeder Reihe jeweils zwei weitere Fäden von außen hinzu, sodass Sie in jeder Reihe einen Kreuzknoten mehr knoten können. In der dritten Reihe knoten Sie dann also drei Kreuzknoten und in der neunten Reihe neun Kreuzknoten.

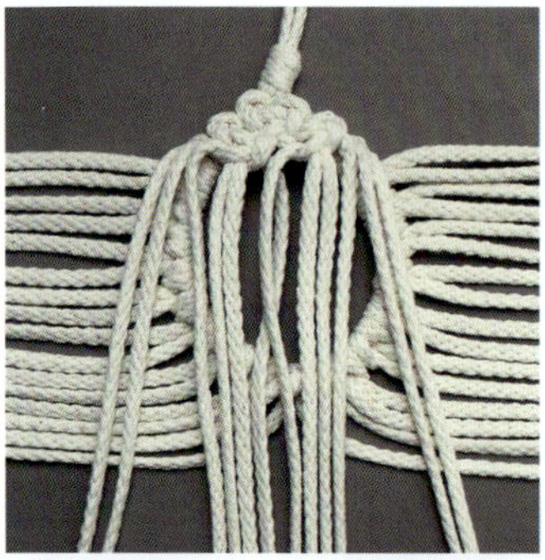

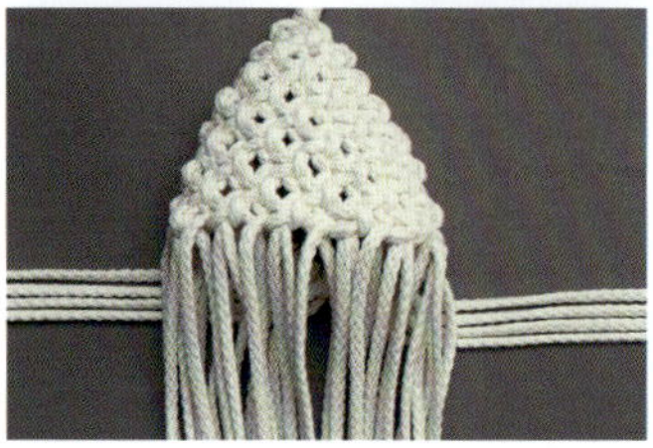

9 Nach der neunten Reihe wird in Runden geknotet. Jede Runde besteht aus elf Kreuzknoten. Knoten Sie nun also mit allen Strängen, auch den sechs bisher ungeknoteten Strängen auf der Vorderseite des Körbchens, eine Runde Kreuzknoten. Nehmen Sie dazu immer zwei Stränge eines Kreuzknotens der Runde zuvor und die benachbarten beiden Stränge des danebenliegenden Knotens.

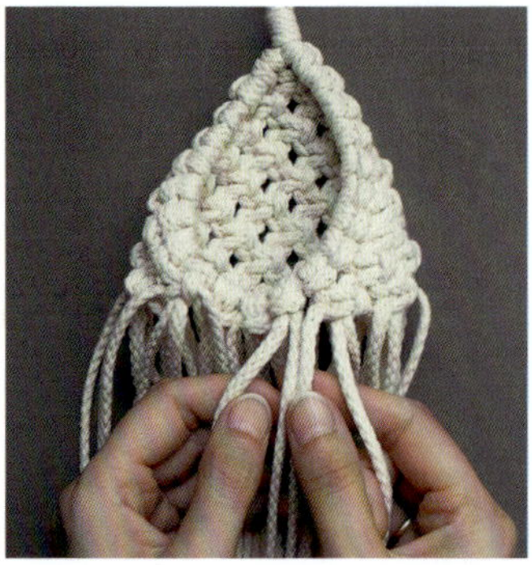

10 Knoten Sie gesamt vier Runden Kreuzknoten.

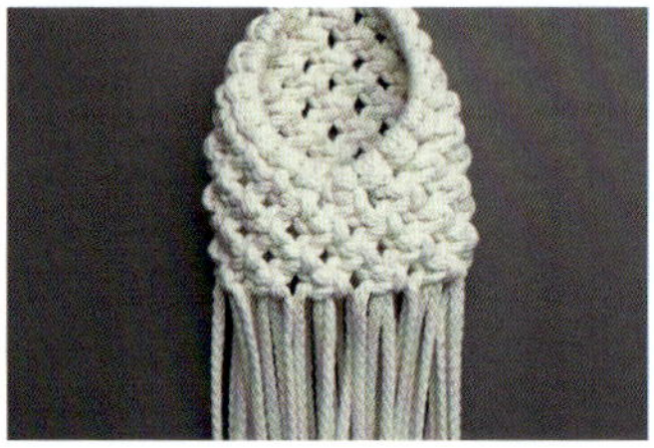

11 Alle Stränge mittig zusammenführen und mit einem Wickelknoten fixieren. Nutzen Sie dazu einen 80 cm langen Baumwollfaden. Ziehen Sie anschließend an den einzelnen Strängen (ausgenommen der Enden des Wickelknotens), damit innen keine Schlaufen entstehen und jeder Strang an seinem Platz liegt.

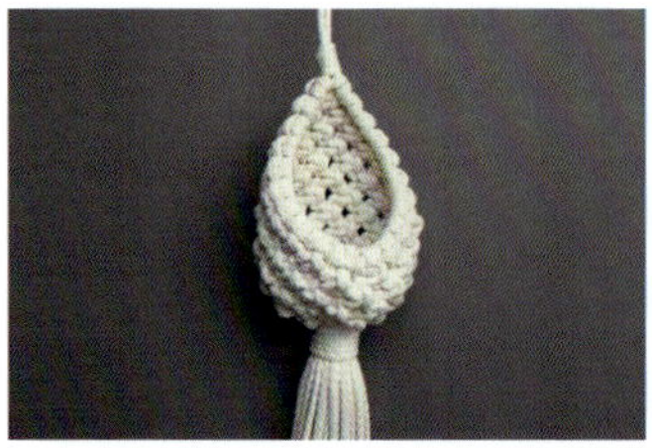

12 Kürzen Sie die Enden der Tassel auf die gewünschte Länge.

Tillandsien-Halter „Fiona“

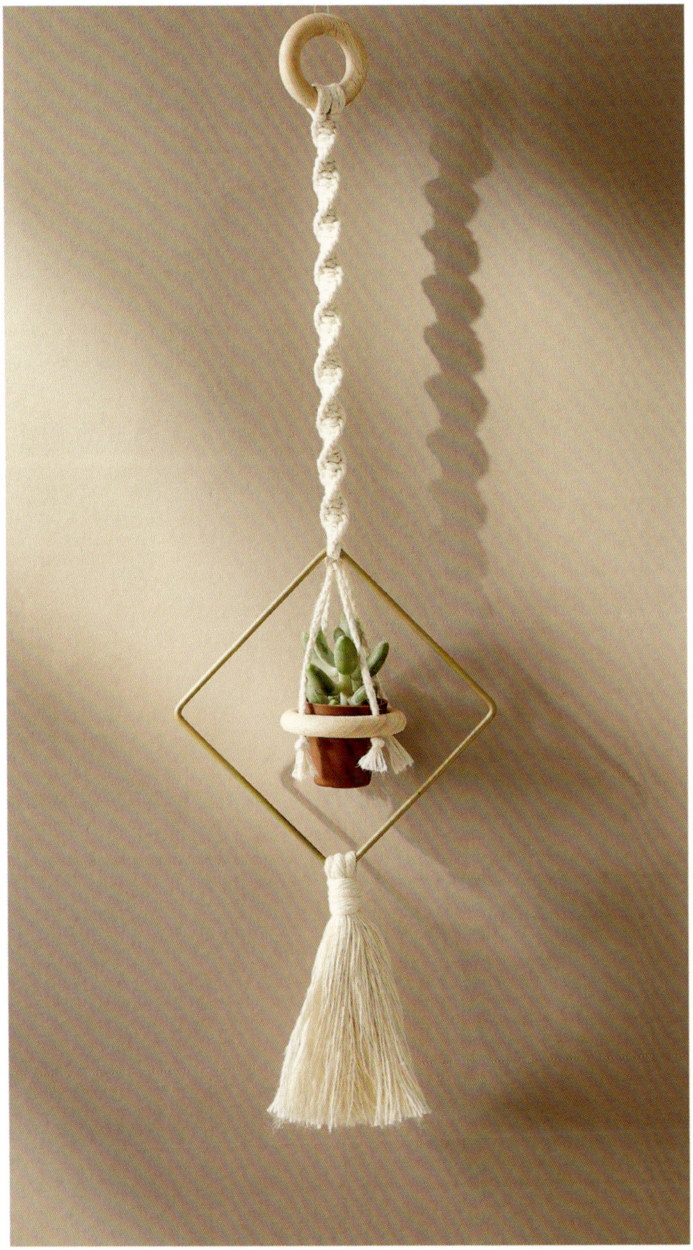

MOTIVHÖHE

ca. 45 cm

MATERIAL

- 2 Baumwollfäden in Natur, geflochten, ø 2-3 mm, 1,70 m lang
- 5 Baumwollfäden in Natur, einfach gezwirnt, ø 4 mm, 30 cm lang
- Baumwollfaden in Natur, einfach gezwirnt, ø 4 mm, 40 cm lang
- Holzring, ø 4 cm
- Holzring, ø 5,5 cm
- Metallring Quadrat in Gold, 10 cm
- Bohrer, ø 3 mm
- Schere

Mein Tipp für Sie:

Sie können in den Tillandsien-Halter auch kleine Pflanztöpfe mit anderen Pflanzen setzen (siehe linke Abbildung).

1 Befestigen Sie 2 x 1,70 m lange Baumwollfäden so mit dem von vorne geknoteten Ankerknoten unten am 4 cm Holzring, dass die beiden innenliegenden Stränge etwa 50 cm und die beiden außenliegenden Stränge etwa 1,20 m lang sind. Legen Sie dazu die Schlaufe für den Ankerknoten in einem Abstand von etwa 50 cm von dem einen Ende entfernt.

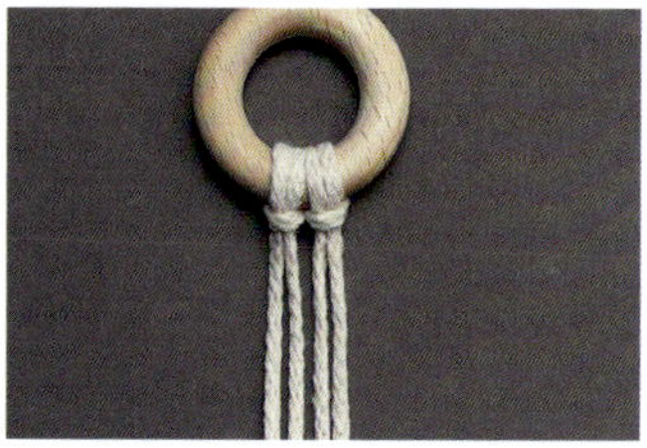

2 Es wird ein etwa 18 cm langer gedrehter Strang mit Wellenknoten geknotet.

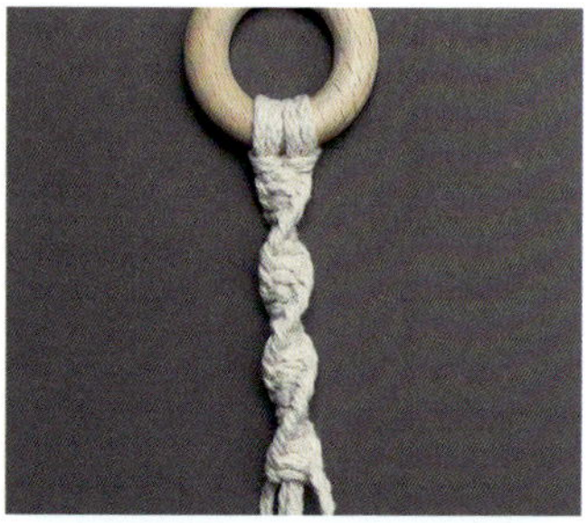

Mein Tipp für Sie:

Wenn Sie eine Tillandsie in Ihre Blumenampel setzen möchten, können Sie dieser ein besonders langes Leben bieten, wenn Sie sie etwa alle zwei Wochen in kalkarmem Wasser (z. B. Regenwasser) baden. Wenn es wärmer ist, gerne auch öfter.

3 Legen Sie den Metallring mit einer Ecke direkt unter den gedrehten Strang zwischen die beiden Trägerfäden. Verknoten Sie anschließend das linke Arbeits- und Trägerfaden-Paar mit dem rechten Arbeits- und Trägerfaden-Paar mit einem Doppelknoten.

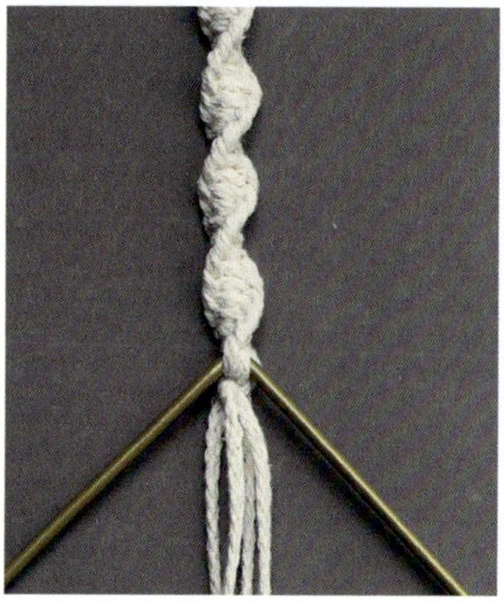

4 Bohren Sie vier 3 mm dicke Löcher gleichmäßig verteilt in den 5,5 cm großen Holzring, um danach die Stränge durch die Löcher zu führen. Nehmen Sie hier bei Bedarf (Krepp-) Klebeband zur Hilfe. Setzen Sie einen einfachen Knoten in die Stränge unter dem Holzring, sodass der Holzring gerade und etwa auf mittlerer Höhe des Metallrings sitzt. Alternativ zum Bohren können Sie die Stränge auch mit einem Rippenknoten befestigen. Dabei fungiert der Holzring als Trägermedium (entspricht also dem Trägerfaden).

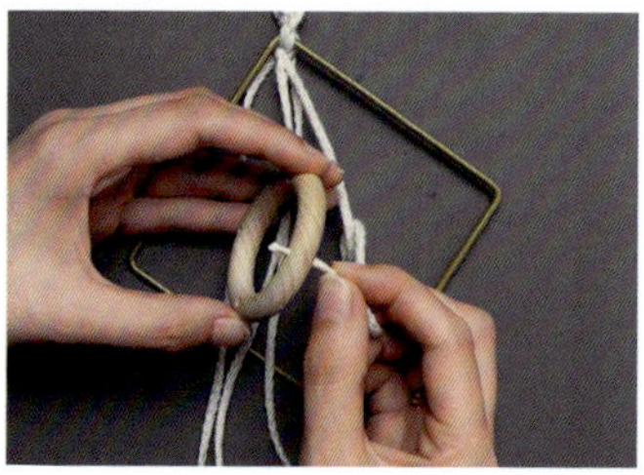

5 An der unteren Ecke des Metallrings wird eine Tassel mit einfach gezwirntem Garn befestigt. Nutzen Sie dazu 5 x 30 cm langes Baumwollgarn. Legen Sie dieses bis zur Hälfte über den Ring und fixieren Sie die Stränge mit einem Wickelknoten. Für den Wickelknoten einen zusätzlichen Baumwollfaden mit 40 cm Länge verwenden.

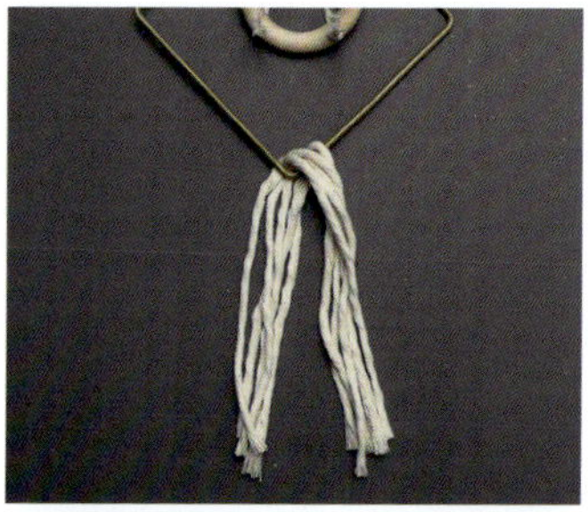

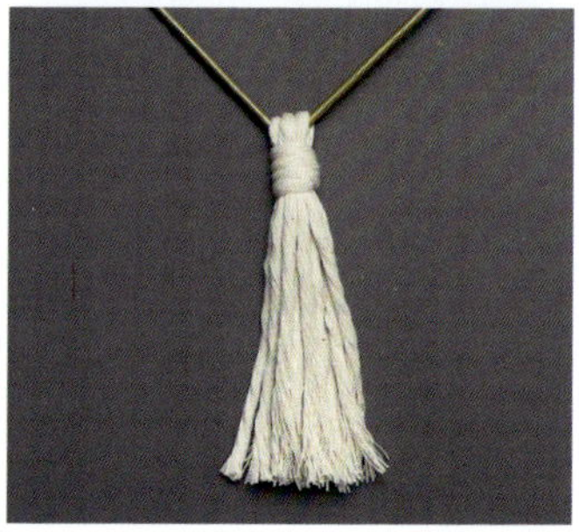

6 Zum Schluss auskämmen und auf einer Höhe zuschneiden.

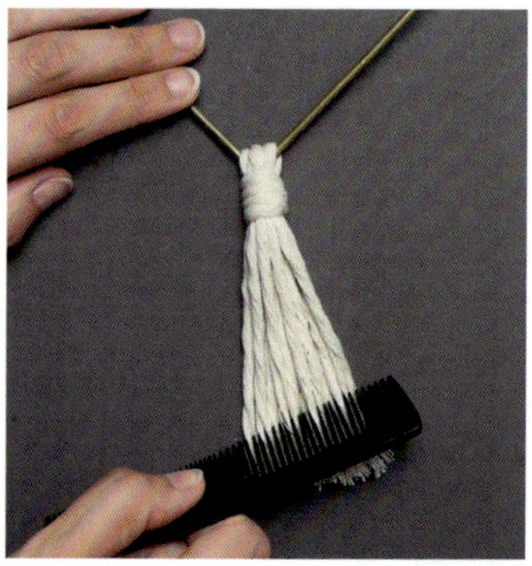

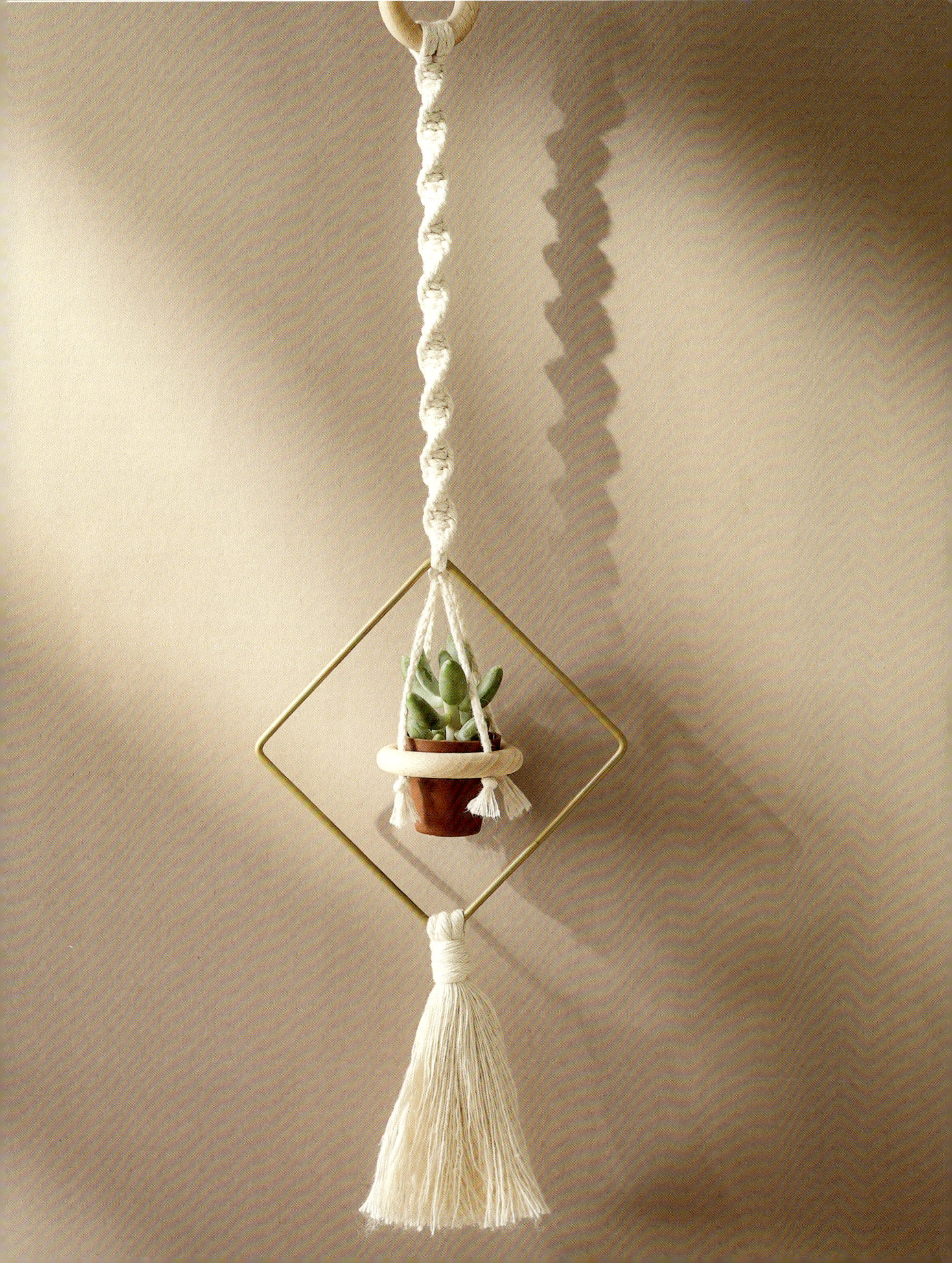

Blumenampel „Amelie“

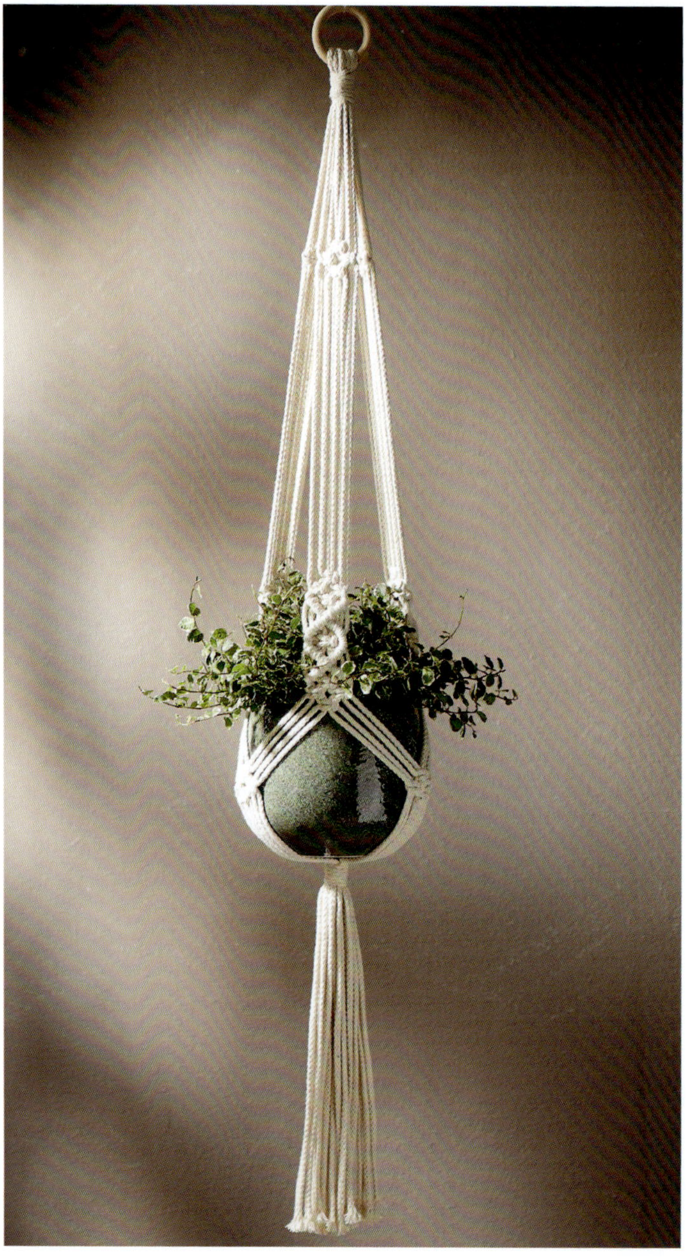

MOTIVLÄNGE

ca. 1,04 m

MATERIAL

- 12 Baumwollfäden in Natur, geflochten, ø 4 mm, 3,70 m lang
- 2 Baumwollfäden in Natur, geflochten, ø 4 mm, 80 cm lang
- Holzring, ø 5,5 cm
- Schere

1 Ziehen Sie 12 x 3,70 m lange Baumwollfäden bis zur Hälfte durch den Holzring und fixieren Sie die Fäden mit einem Wickelknoten. Für den Wickelknoten einen 80 cm langen Baumwollfaden benutzen. Knoten Sie ihn um alle Enden direkt unter dem Holzring.

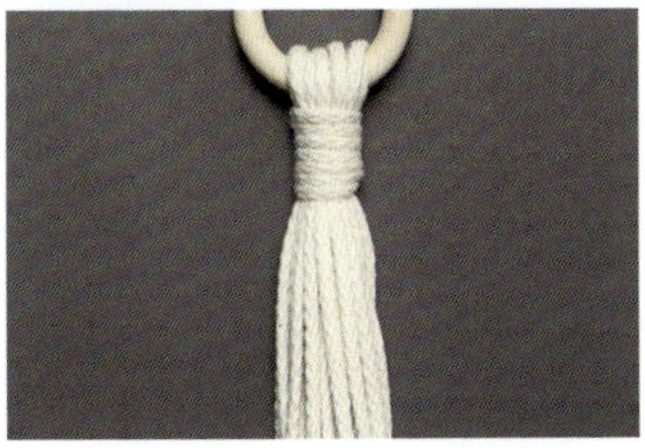

2 Nehmen Sie sich acht Stränge und legen Sie die restlichen Stränge vorerst beiseite.

3 Es folgt eine kleine Raute aus Kreuzknoten. Dazu mit den vier mittleren Strängen einen Kreuzknoten in einem Abstand von etwa 10 cm zum Wickelknoten knoten als obere Spitze der Raute.

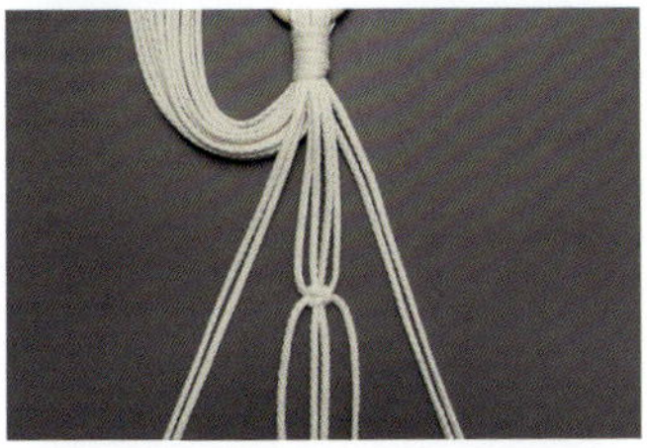

4 Knoten Sie mit allen acht Strängen zwei Kreuzknoten nebeneinander.

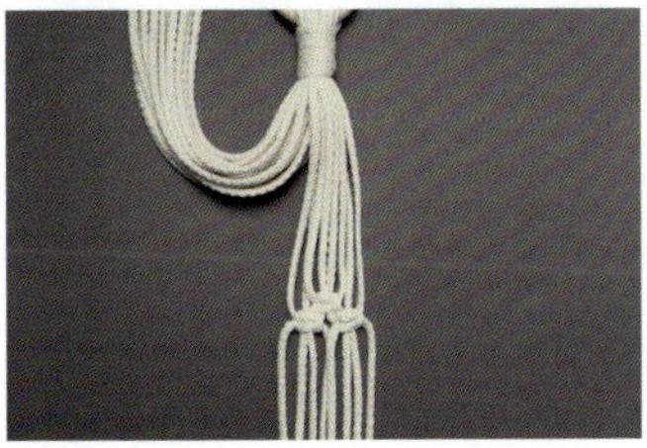

5 Auf beiden Seiten jeweils die äußeren beiden Stränge wieder weglegen und mit den vier mittleren Strängen einen Kreuzknoten als untere Spitze der Raute knoten.

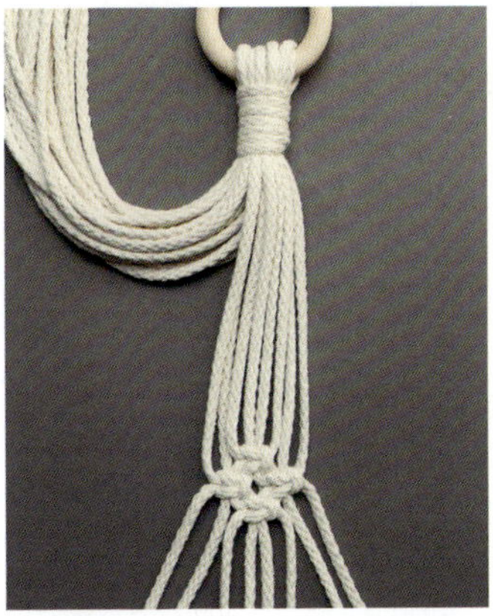

6 Knoten Sie 23 cm von der ersten Raute entfernt eine zweite Raute aus Kreuzknoten. Wiederholen Sie dazu die Schritte 3-5.

7 Es folgt eine Reihe Rippenknoten entlang der unteren Kanten der Raute. Teilen Sie dazu die Stränge in der Mitte auf, sodass auf beiden Seiten jeweils vier Stränge liegen. Legen Sie die Stränge der rechten Seite weg. Der äußere Strang der linken Seite fungiert als Trägerfaden. Halten Sie diesen über die drei Arbeitsfäden schräg nach unten in die Mitte. Knoten Sie eine Reihe Rippenknoten.

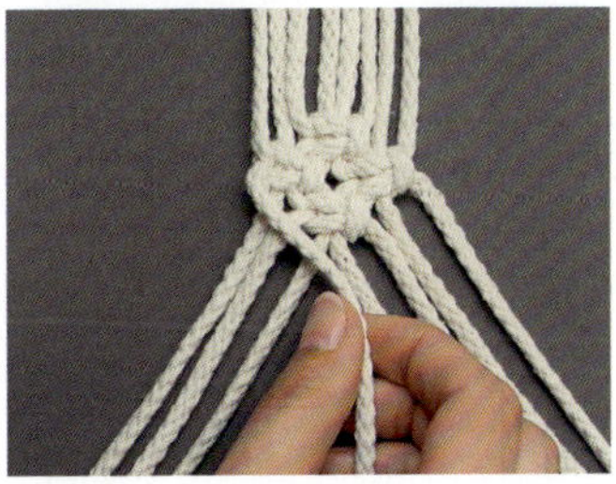

8 Wiederholen Sie Schritt 7 für die Stränge der rechten Seite. Um die Reihe Rippenknoten in der Mitte zu verbinden, nutzen Sie den Trägerfaden der linken Seite als zusätzlichen Arbeitsfaden für die rechte Seite.

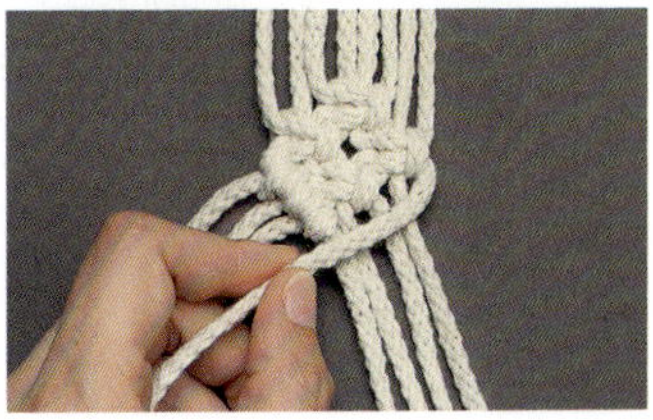

9 Die Reihe Rippenknoten aus Schritt 8 wird nun fortgeführt. Halten Sie den Trägerfaden der rechten Seite also nun über die drei Arbeitsfäden der linken Seite schräg nach unten links. Knoten Sie die Reihe Rippenknoten weiter.

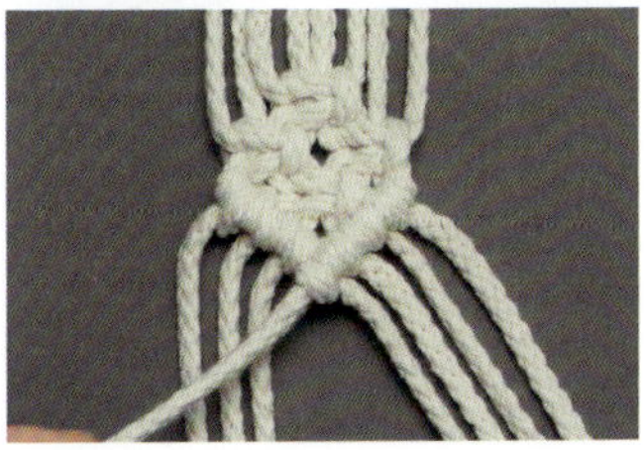

10 Knoten Sie eine weitere Reihe Rippenknoten. Hierfür den vierten Strang von rechts als Trägerfaden nutzen. Halten Sie diesen über die drei Arbeitsfäden schräg nach unten rechts und knoten Sie eine Reihe Rippenknoten.

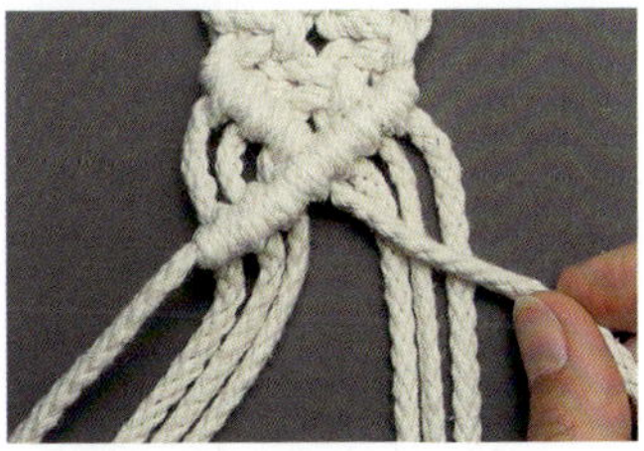

11 Die Trägerfäden aus Schritt 9-10 beiseitelegen. Mit den nun außen liegenden Strängen einen Kreuzknoten um die vier dazwischenliegenden Stränge knoten.

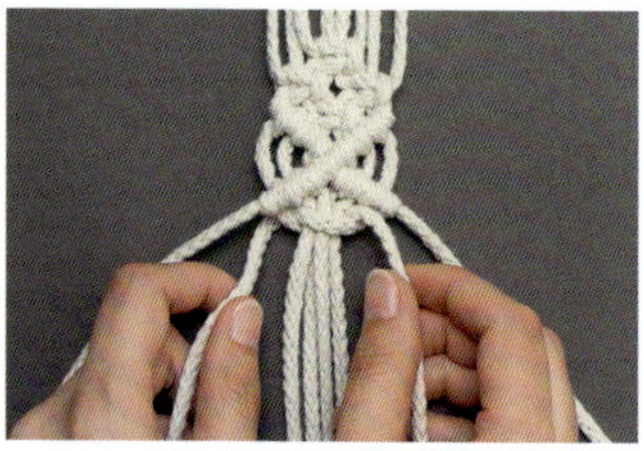

12 Wiederholen Sie Schritt 7-8 für zwei zueinander verlaufende Reihen Rippenknoten.

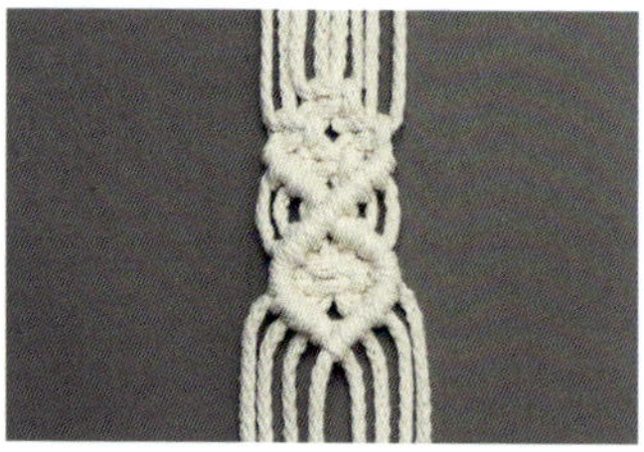

13 Führen Sie anschließend die Reihe Rippenknoten der rechten Seite weiter und knoten Sie danach eine nach rechts verlaufende Reihe Rippenknoten wie schon in den Schritten 9-10 beschrieben.

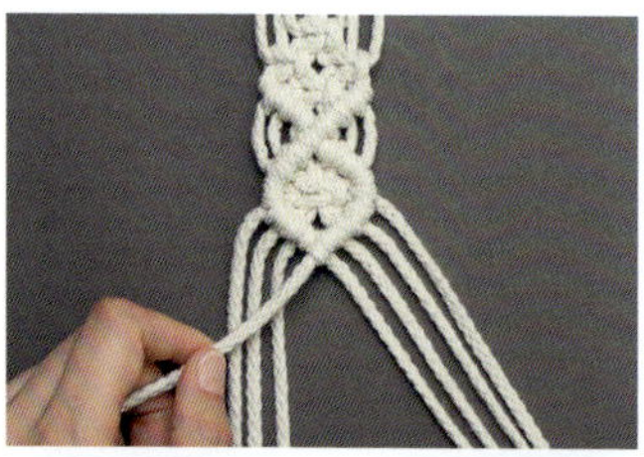

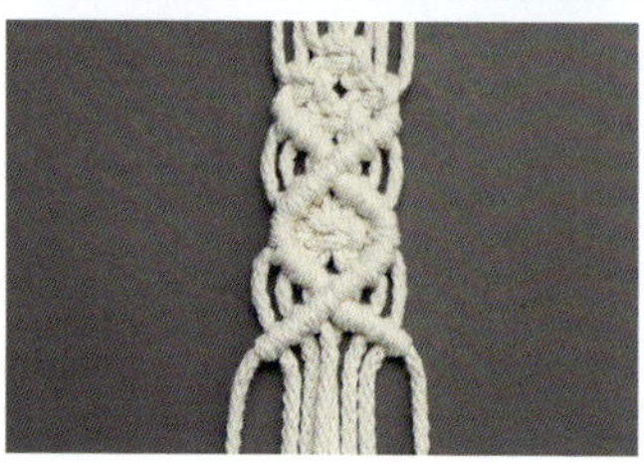

14 Es folgt eine weitere kleine Raute aus Kreuzknoten zwischen den Reihen Rippenknoten. Gehen Sie für die Raute wie in den Schritten 3-5 beschrieben vor.

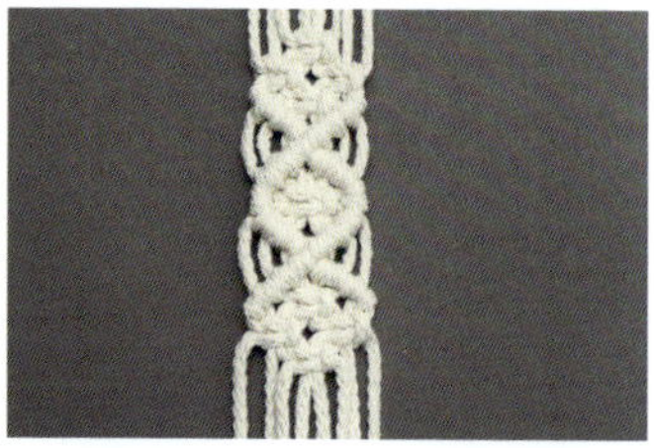

15 Wiederholen Sie die Schritte 2-14 für die restlichen 16 Stränge bis Sie gesamt drei Muster-Stränge bzw. Arme für die Blumenampel geknotet haben.

16 Nun wird das Netz für den Pflanztopf geknotet. Gehen Sie vom Prinzip vor wie in der Grundanleitung (s. Seite 7) beschrieben. Hier werden anstelle eines einfachen Kreuzknotens kleine Rauten aus Kreuzknoten für das Netz geknotet. Das untere Muster der Arme aus den Schritten 6-14 entspricht der oberen Kante des Netzes.

17 Legen Sie alle Arme nebeneinander und die jeweils vier äußeren Stränge beiseite. Mit den 16 Strängen (2 x 8 Stränge), die nun vor Ihnen liegen zwei kleine Rauten aus Kreuzknoten in einem Abstand von etwa 8 cm zum unteren Muster der Arme knoten.

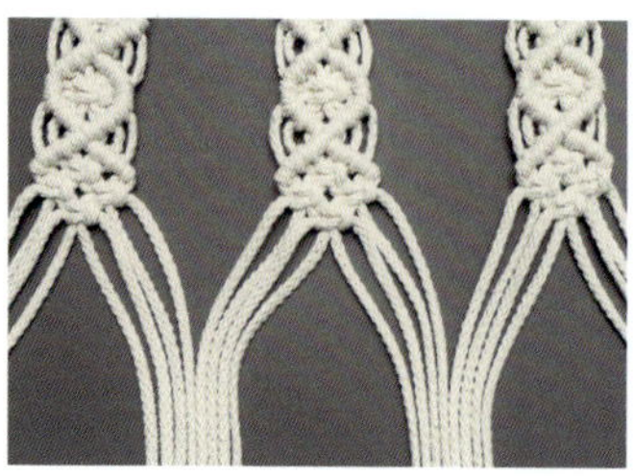

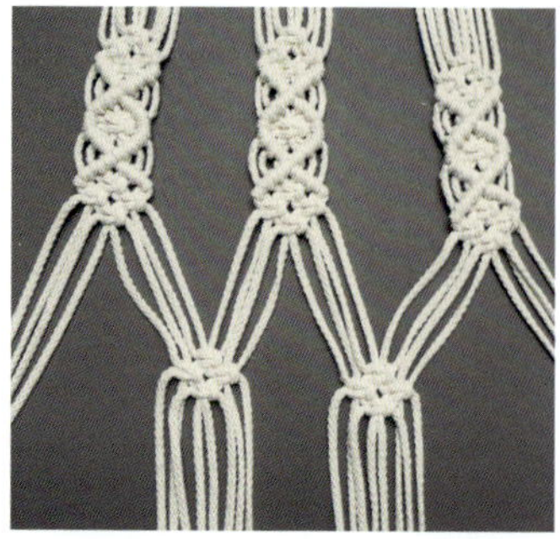

18 Wenden Sie das bisher geknotete Muster, sodass Sie nun die Rückseite anschaut. Nehmen Sie die jeweils vier äußeren Stränge, die in Schritt 17 beiseitegelegt wurden. Drehen Sie die Stränge zueinander, sodass die gerade noch außenliegenden Stränge nun innen liegen. Mit den acht Strängen ebenfalls eine Raute aus Kreuzknoten knoten, die auf der gleichen Höhe wie die Rauten aus Schritt 17 liegen.

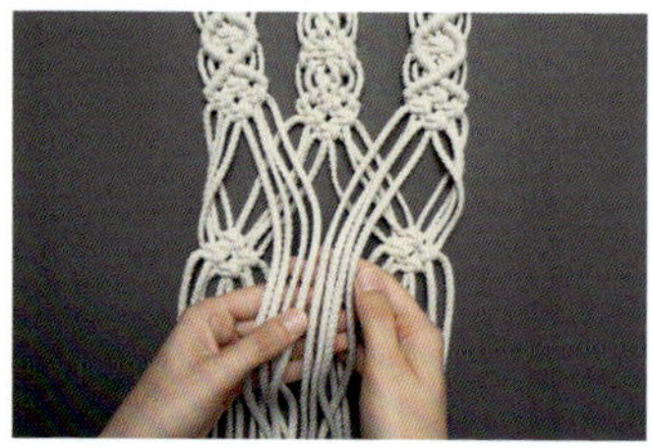

19 Den Abschluss des Netzes bildet auch hier ein Wickelknoten. Nutzen Sie dazu einen 80 cm langen Baumwollfaden. Positionieren Sie den Wickelknoten etwa 9 cm von den Rauten aus Schritt 17-18 entfernt. Die Enden der Tassel wie gewünscht kürzen.

Blumenampel „Malou“

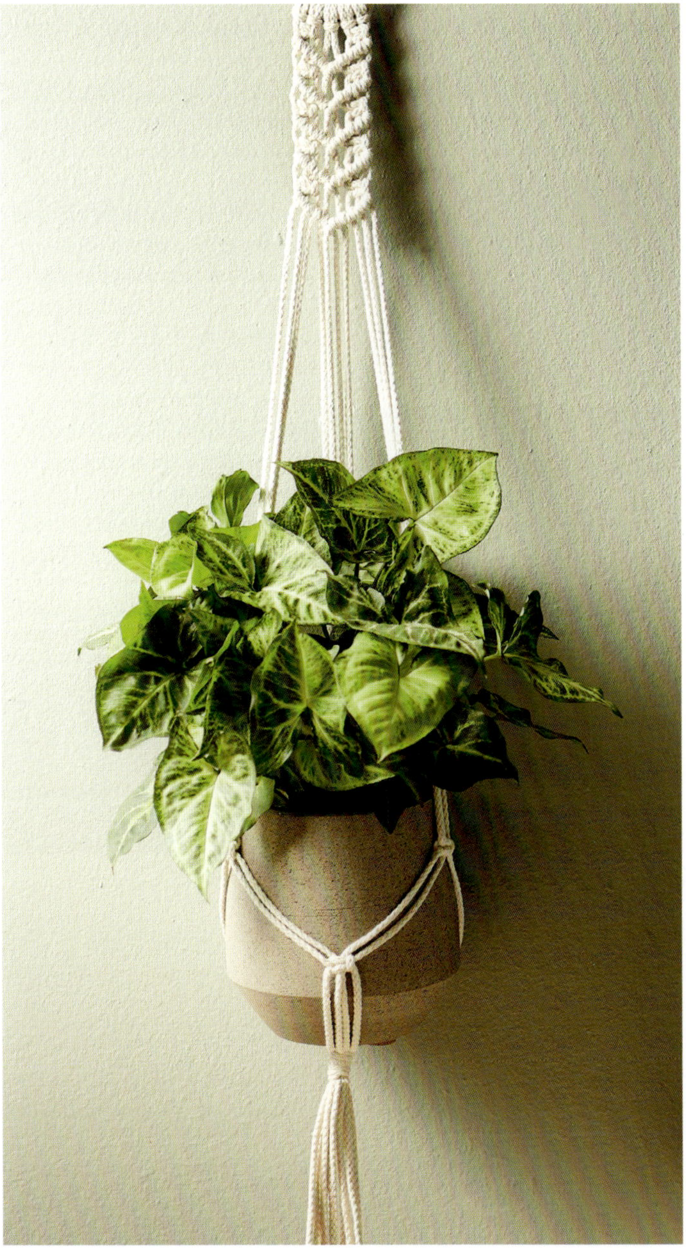

MOTIVLÄNGE
ca. 93 cm

MATERIAL
- 5 Baumwollfäden in Natur, geflochten, ø 4 mm, 3 m lang
- Baumwollfaden in Natur, geflochten, ø 4 mm, 60 cm lang
- Holzring, ø 7 cm
- Schere

1 Befestigen Sie 5 x 3 m lange Baumwollfäden mit dem von vorne geknoteten Ankerknoten unten am Holzring.

2 Mit den jeweils vier äußeren Strängen einen Kreuzknoten knoten. Die beiden mittleren Stränge bleiben ungeknotet.

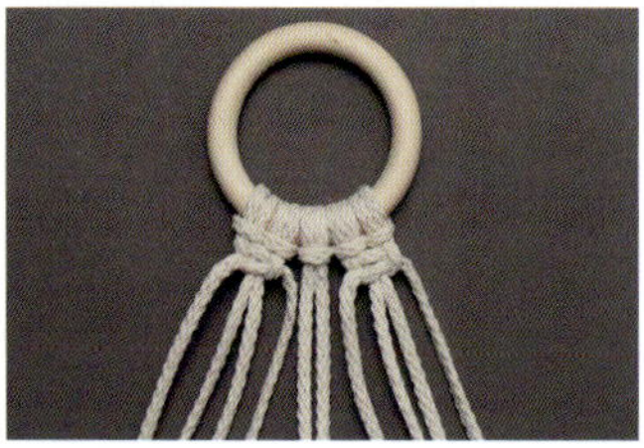

3 Es folgt eine Reihe Rippenknoten. Teilen Sie dazu alle Stränge in der Mitte auf, sodass auf beiden Seiten jeweils fünf Stränge liegen. Legen Sie die fünf Stränge der rechten Seite weg. Halten Sie den linken Strang der linken Seite als Trägerfaden in einem Winkel von etwa 45° über die vier Arbeitsfäden schräg nach unten in die Mitte. Knoten Sie eine Reihe Rippenknoten.

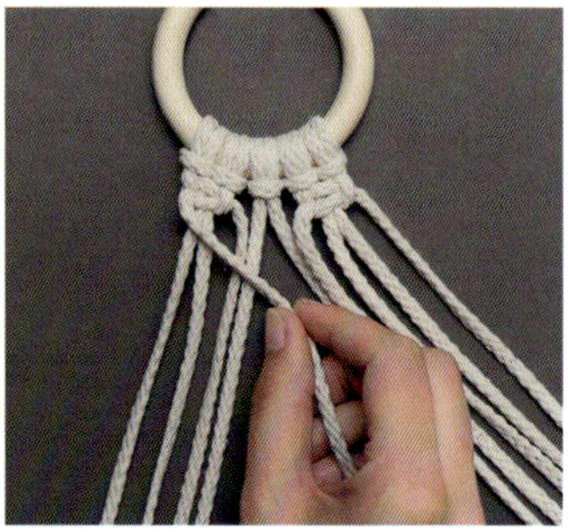

4 Wiederholen Sie Schritt 3 für die Stränge der linken Seite. Halten Sie also den rechten Strang der rechten Seite schräg nach unten in die Mitte und knoten Sie eine Reihe Rippenknoten. Um die Reihe Rippenknoten in der Mitte zu verbinden, fungiert der Trägerfaden der linken Seite aus Schritt 3 als zusätzlicher Arbeitsfaden für die rechte Seite.

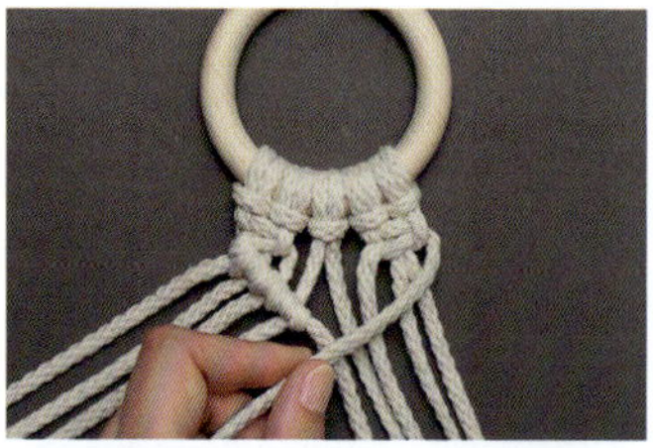

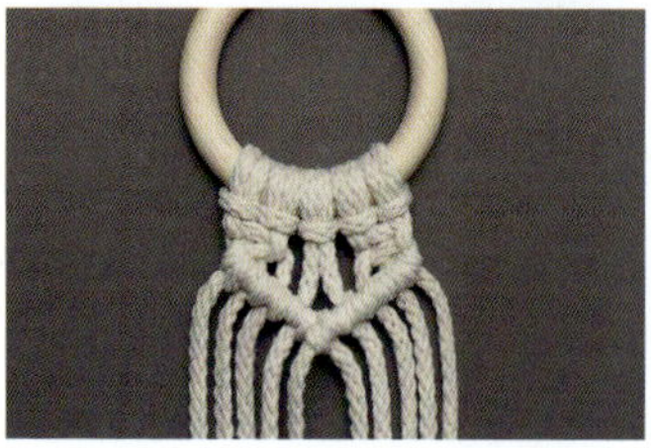

5 Wiederholen Sie die Schritte 2-4 bis Sie die Abfolge insgesamt fünf Mal geknotet haben.

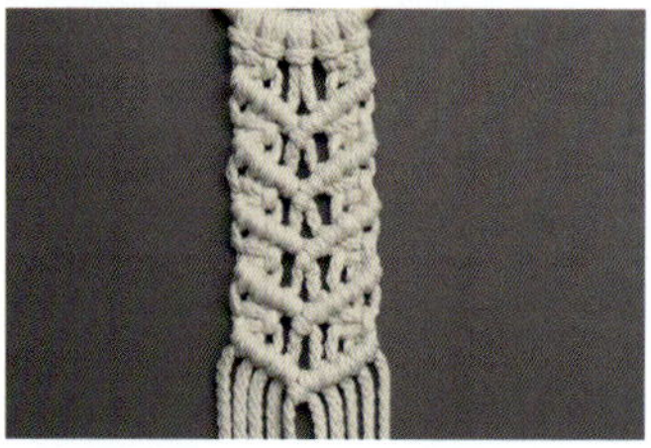

6 Nun das Netz wie in der Grundanleitung (s. Seite 7) beschrieben knoten. Bei dieser Blumenampel haben Sie statt der zwölf Stränge nur zehn Stränge zur Verfügung. Es werden also in beiden Reihen des Netzes jeweils zwei Kreuzknoten mit nur drei statt vier Strängen geknotet. Hier werden Sie mit nur einem Trägerfaden statt der üblichen zwei Trägerfäden knoten. Ich empfehle für die erste Reihe des Netzes den mittleren Kreuzknoten mit den regulären vier Strängen zu knoten und die beiden äußeren jeweils mit drei Strängen. In der zweiten Reihe des Netzes knoten Sie die ersten beiden Kreuzknoten mit drei Strängen (jeweils zwei Stränge von dem mittleren Kreuzknoten der ersten Reihe und einen von dem äußeren Kreuzknoten). Der Kreuzknoten, der das Netz schließt, wird dann wieder mit vier Strängen geknotet.

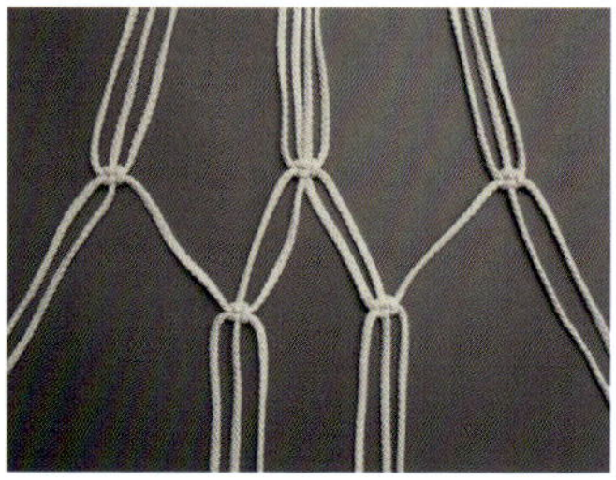

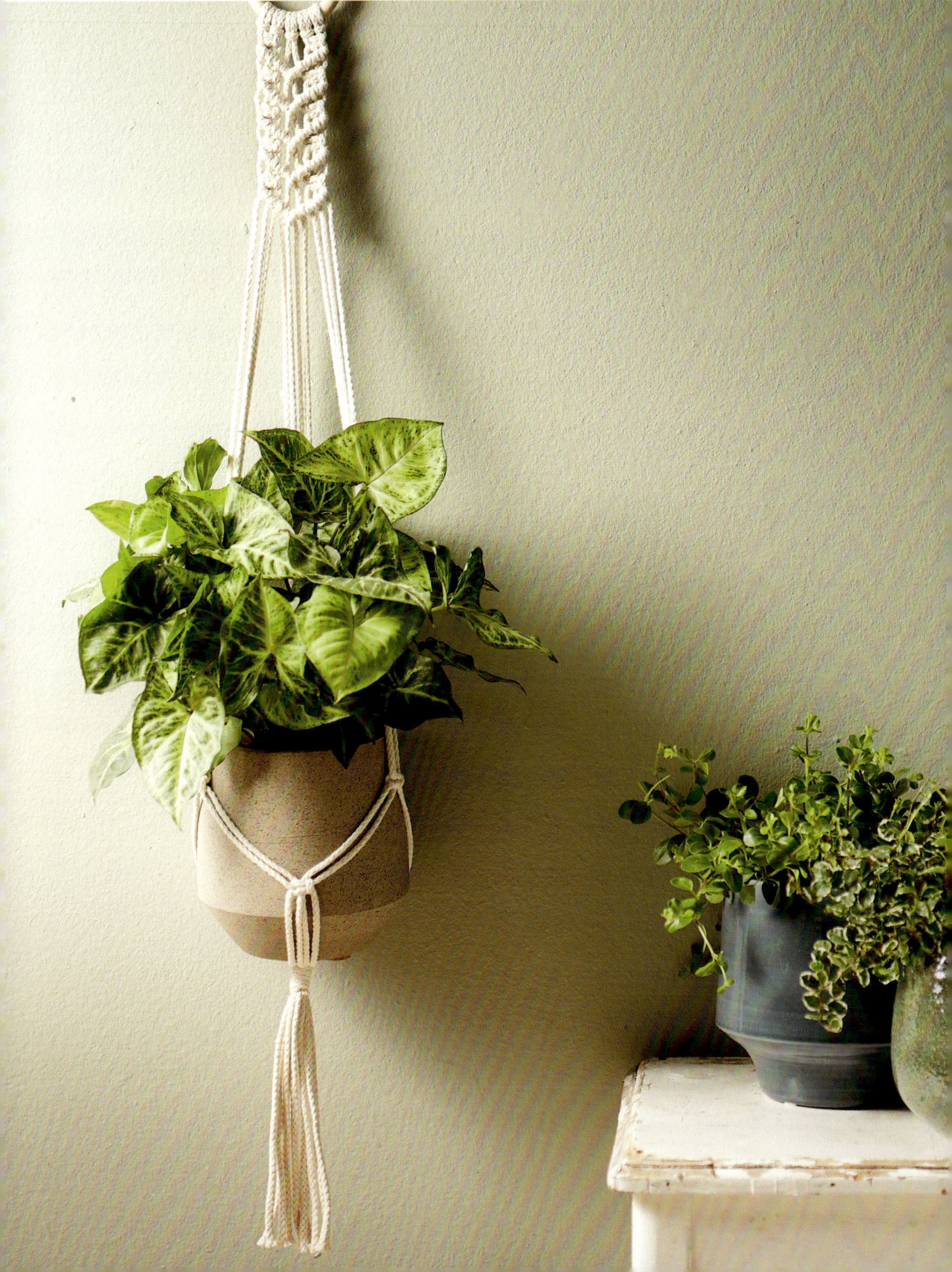

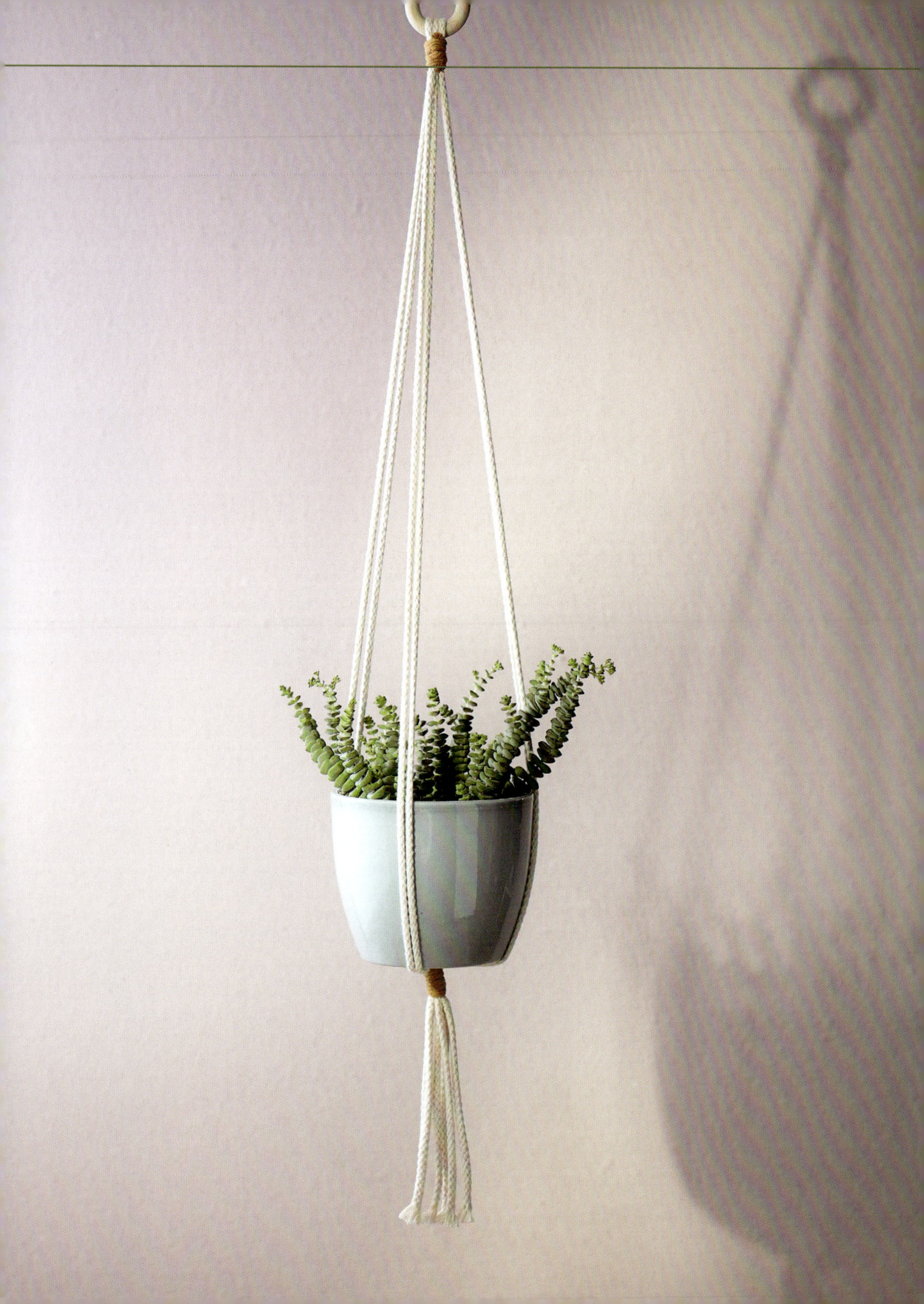

Minimalistische Blumenampel „Nala“

MOTIVLÄNGE
ca. 77 cm

MATERIAL
- 3 Baumwollfäden in Natur, geflochten, ø 4 mm, 2 m lang
- 2 Baumwollfäden in Honig/Toffee, geflochten, ø 4 mm, 40 cm lang
- Holzring, ø 4 cm
- Schere

Mein Tipp für Sie:

Setzen Sie farbige Akzente mit den Wickelknoten.

1 Ziehen Sie 3 x 2 m lange Baumwollfäden bis zur Hälfte durch den Holzring und fixieren Sie diese mit einem Wickelknoten direkt unter dem Holzring. Für den Wickelknoten einen 40 cm langen Baumwollfaden nutzen.

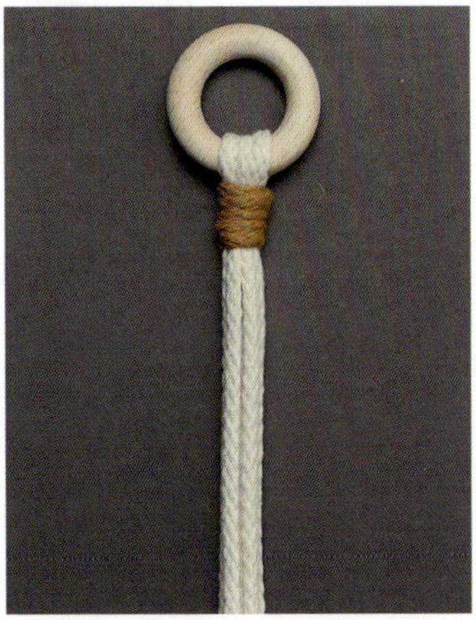

2 In einem Abstand von etwa 40 cm zu dem Wickelknoten aus Schritt 1 einen weiteren Wickelknoten knoten. Nutzen Sie dafür ebenfalls einen 40 cm langen Faden.

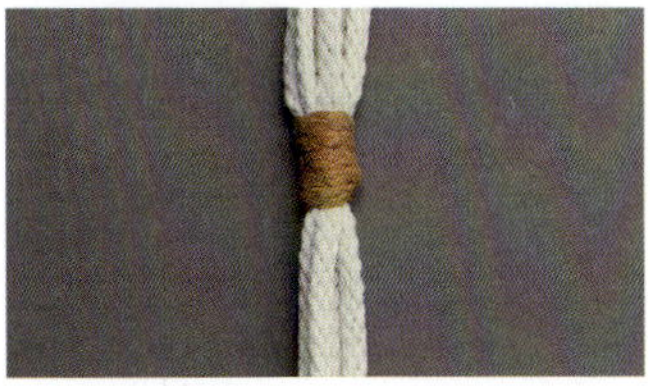

3 Kürzen Sie die Enden der Tassel wie gewünscht.

4 Den Blumentopf am besten in die hängende Blumenampel stellen. Der Topf sollte mittig auf dem unteren Wickelknoten sitzen und die sechs Stränge gleichmäßig um den Topf verteilt liegen.

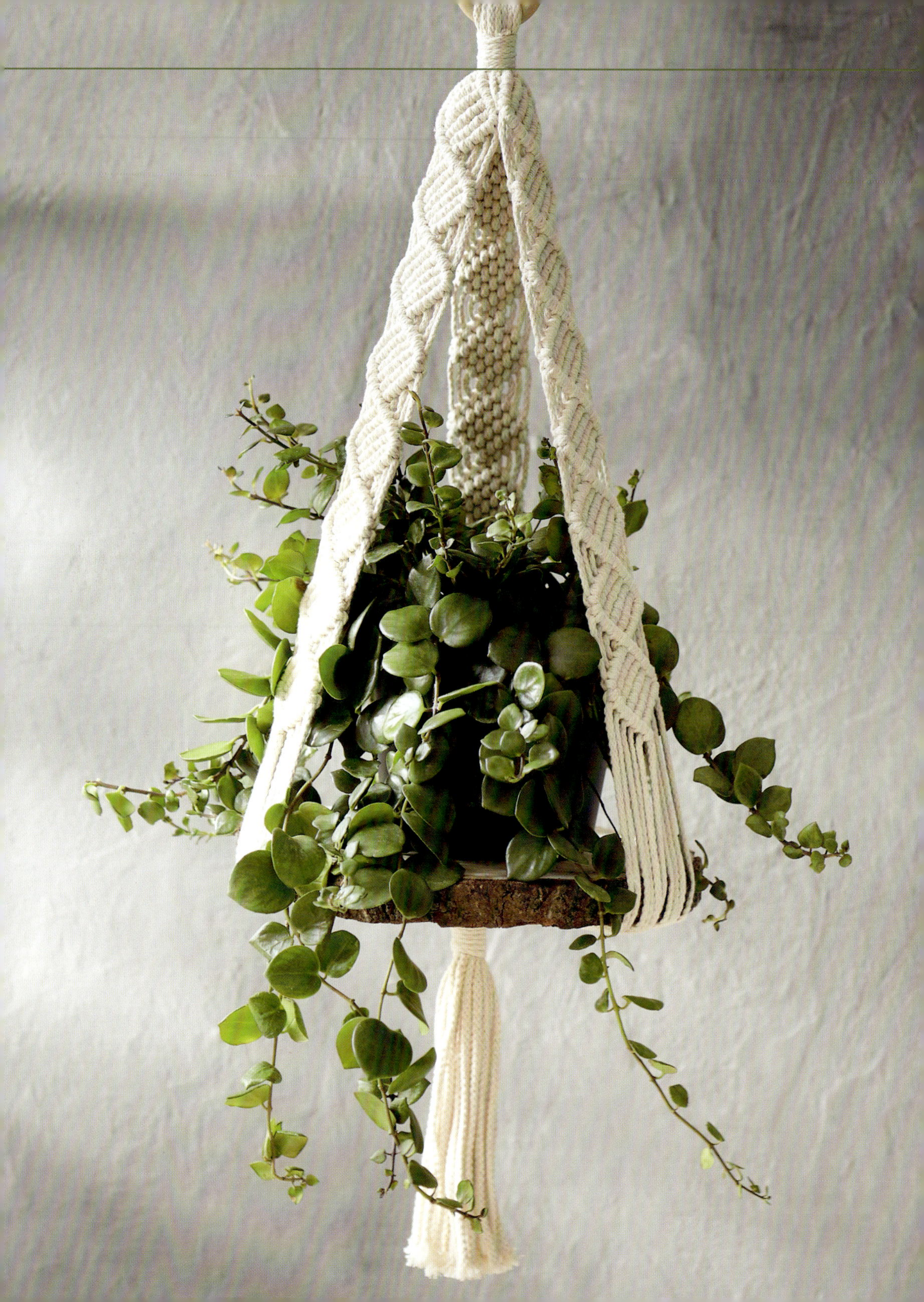

Blumenampel „Flora“

MOTIVLÄNGE

ca. 90 cm

MATERIAL

- 2 Baumwollfäden in Natur, geflochten, ø 4 mm, 80 cm lang
- 15 Baumwollfäden in Natur, geflochten, ø 4 mm, 5,20 m lang
- Holzring, ø 5,5 cm
- Baumscheibe oder rundes Tablett, ø ~ 25 cm
- Schere

1 Ziehen Sie 15 x 5,20 m lange Baumwollfäden bis zur Hälfte durch den Holzring und fixieren Sie diese mit einem Wickelknoten direkt unter dem Holzring. Für den Wickelknoten einen 80 cm langen Baumwollfaden nutzen.

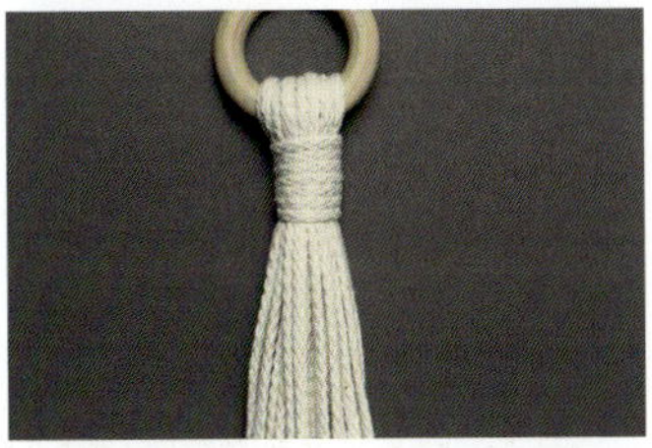

2 Nehmen Sie sich für den ersten Arm der Blumenampel zehn Stränge und legen Sie die restlichen Stränge vorerst beiseite.

3 Die zehn Stränge in der Mitte aufteilen, sodass auf jeder Seite jeweils fünf Stränge liegen. Legen Sie die Stränge der rechten Seite weg. Halten Sie den rechten Strang der linken Seite als Trägerfaden in einem Winkel von etwa 45° über die vier Arbeitsfäden schräg nach unten links. Knoten Sie eine Reihe Rippenknoten.

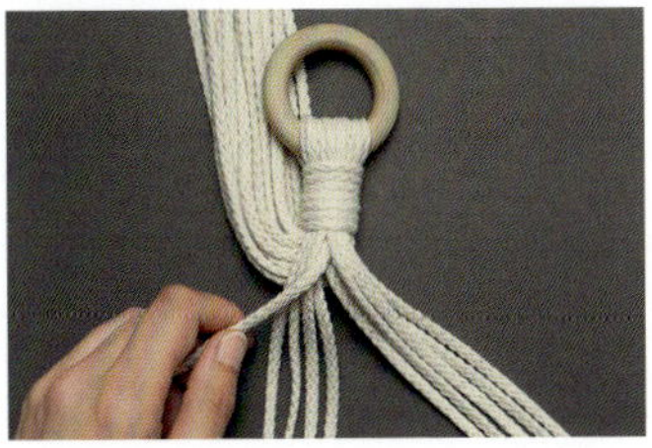

4 Wiederholen Sie Schritt 3 für die Stränge der rechten Seite. Hier fungiert der linke Strang als Trägerfaden. Halten Sie diesen schräg nach unten rechts und knoten Sie eine Reihe Rippenknoten.

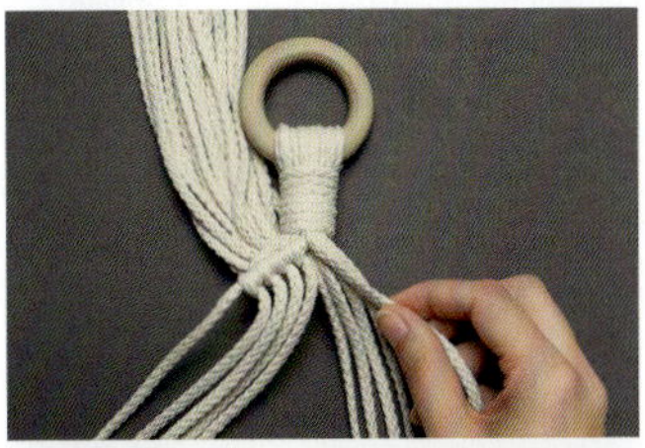

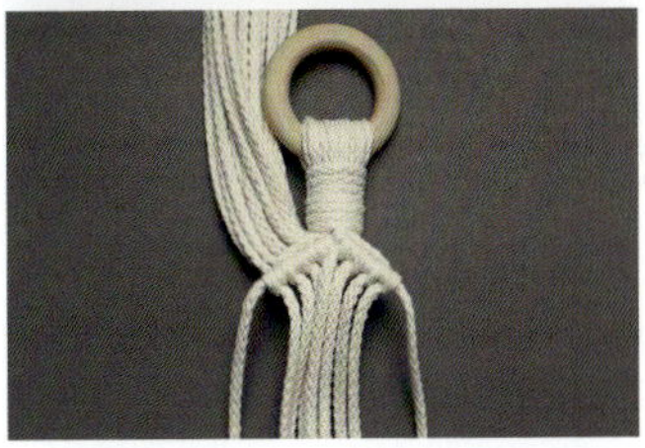

5 Nun werden mehrere Reihen Rippenknoten parallel zur nach links verlaufenden Reihe Rippenknoten geknotet. Dabei dienen die Arbeitsfäden und der Trägerfaden der rechten Seite als Trägerfäden für diese parallel verlaufenden Reihen Rippenknoten. Halten Sie also den ersten Arbeitsfaden aus Schritt 4 schräg nach unten links über die vier Arbeitsfäden der linken Seite. Der Trägerfaden der linken Seite bleibt währenddessen ungeknotet.

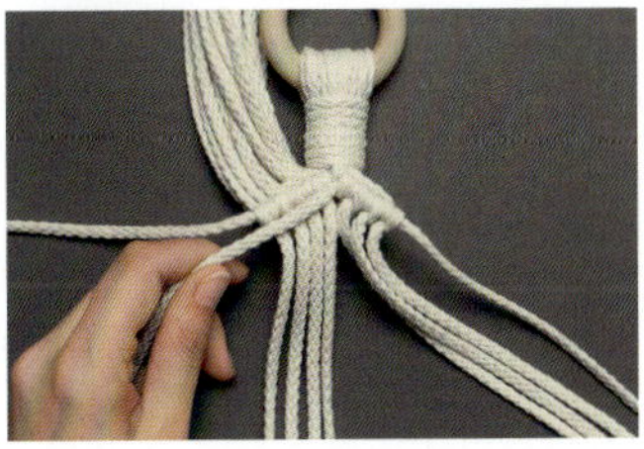

6 Für die nächste parallel verlaufende Reihe Rippenknoten nehmen Sie sich den zweiten Arbeitsfaden der rechten Seite aus Schritt 4 als Trägerfaden und halten diesen schräg nach unten links über die vier Arbeitsfäden.

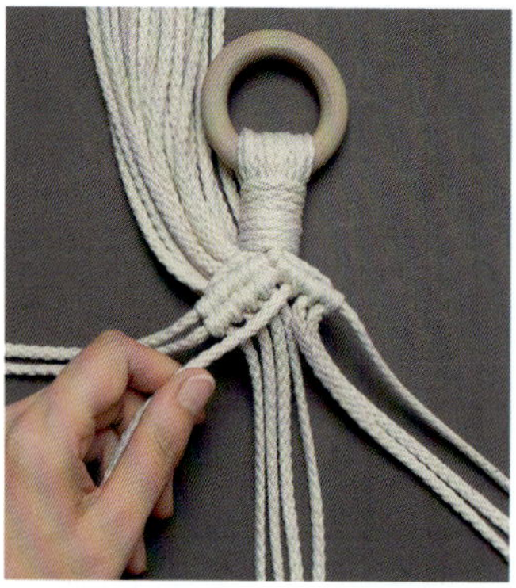

7 Wiederholen Sie das Vorgehen aus Schritt 5-6 bis Sie gesamt fünf parallele Reihen Rippenknoten geknotet haben. Mit der Reihe Rippenknoten aus Schritt 2 sind es sechs Reihen Rippenknoten, die nach links unten verlaufen.

8 Um die Zelle mit parallel verlaufenden Reihen Rippenknoten zu schließen, halten Sie nun den linken Trägerfaden aus Schritt 3 über die fünf Arbeitsfäden schräg nach unten in die Mitte. Die Arbeitsfäden sind hier die Trägerfäden der parallel verlaufenden Reihen Rippenknoten. Knoten Sie eine Reihe Rippenknoten.

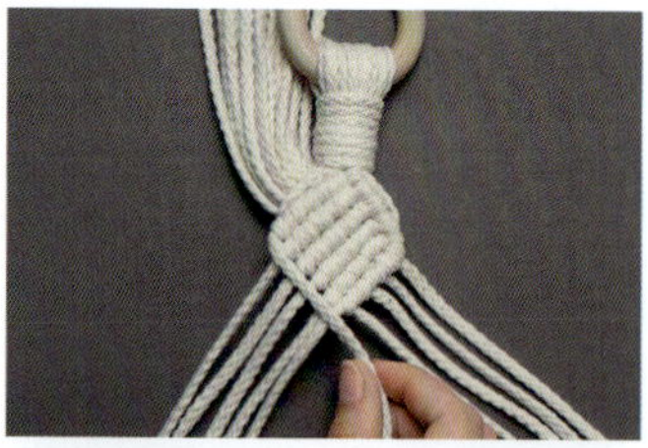

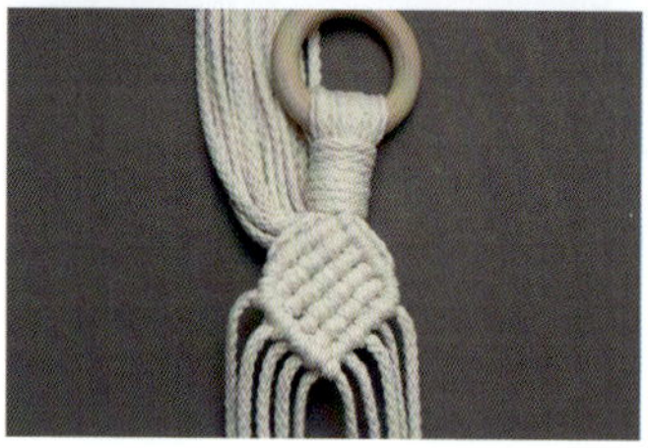

9 Wiederholen Sie Schritt 3-8 bis Sie gesamt acht Zellen mit parallel verlaufenden Reihen Rippenknoten geknotet haben.

10 Wiederholen Sie nun Schritt 2-9 für zwei weitere Arme.

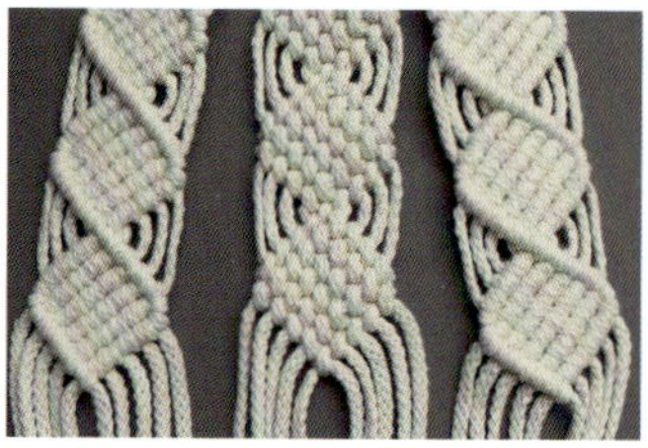

11 In einem Abstand von etwa 23 cm zum Muster einen Wickelknoten um alle Stränge knoten. Nutzen Sie dafür einen 80 cm langen Faden.

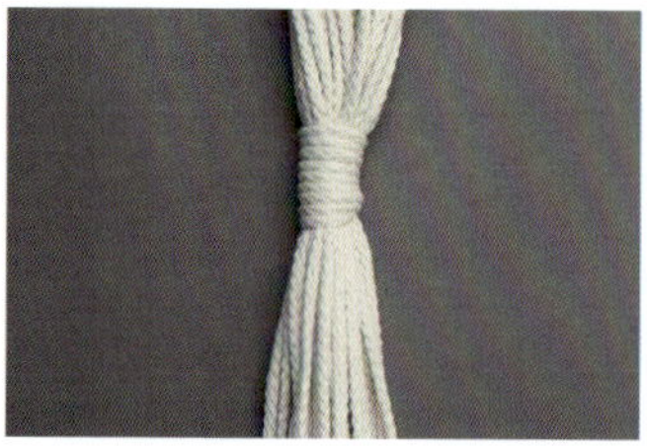

12 Kürzen Sie die Enden der Tassel wie gewünscht.

13 Legen Sie zum Schluss eine etwa 25 cm große Baumscheibe oder ein rundes Tablett mittig auf den Wickelknoten als Ablage für Ihre Pflanzen.

Kleine Wand-Blumenampel „Tilda“

MOTIVLÄNGE
ca. 26 cm (ohne Aufhängung gemessen)

MATERIAL

- 8 Baumwollfäden in Natur, geflochten, ø 4 mm, 1,80 m lang
- Baumwollfaden in Natur, geflochten, ø 4 mm, 50 cm lang
- Baumwollfaden in Natur, geflochten, ø 4 mm, 40 cm lang
- Ast, 15 cm lang
- Schere

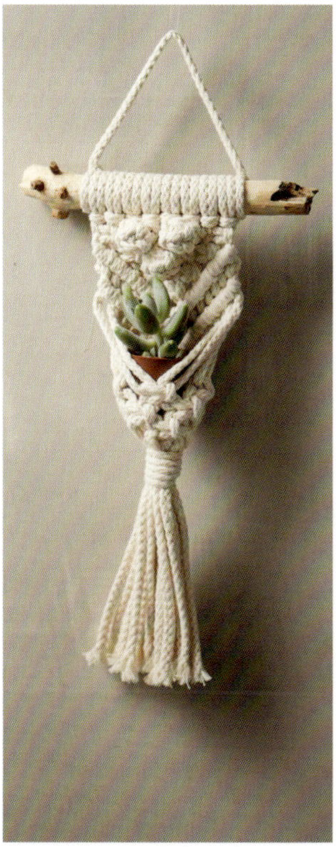

1 Befestigen Sie 8 x 1,80 m lange Baumwollfäden mit dem von vorne geknoteten Ankerknoten am Ast.

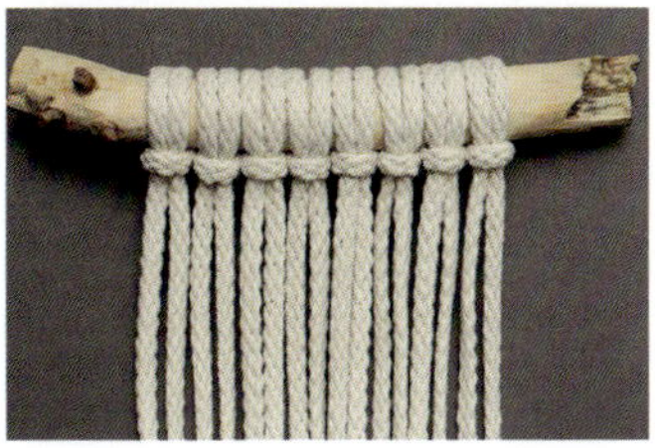

2 Die jeweils vier äußeren Stränge beiseitelegen. Knoten Sie mit den acht Strängen, die nun vor Ihnen liegen, zwei Beerenknoten nebeneinander.

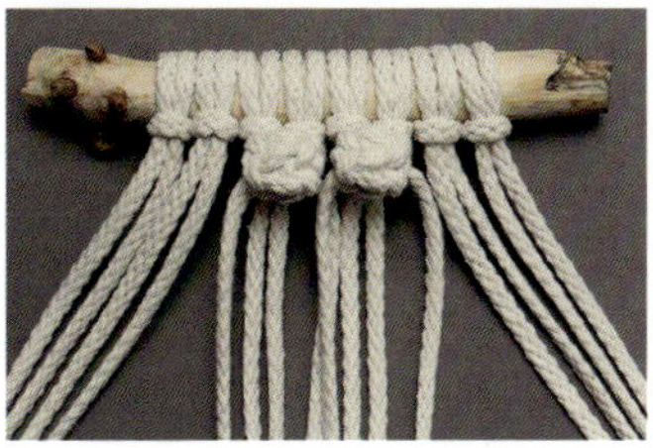

3 Mit den vier mittleren Strängen einen weiteren Beerenknoten knoten.

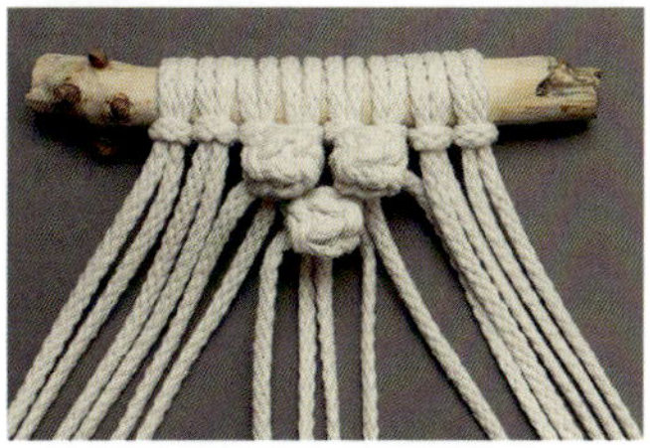

4 Knoten Sie mit den vier linken, äußeren Strängen einen Kreuzknoten.

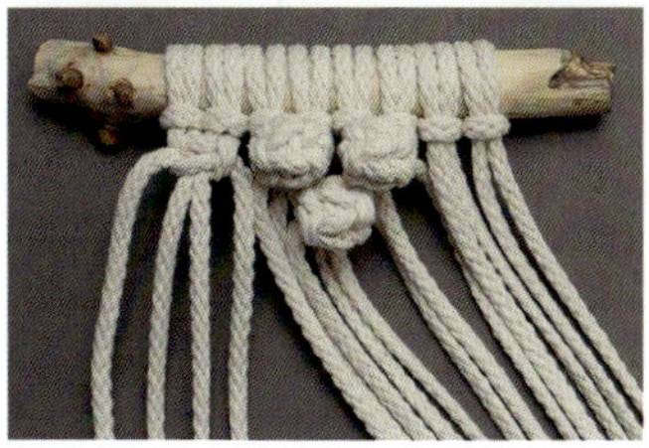

Mein Tipp für Sie:

Falls Sie die Blumenampel für einen etwas größeren Pflanztopf (statt etwa für eine Tillandsie) verwenden möchten, vergrößern Sie einfach die Abstände des Netzes in Schritt 13 und 17. Schneiden Sie dazu auch die acht Baumwollfäden länger zu (je nach Größe des Topfes z. B. 2 m lang).

5 Legen Sie die beiden linken, äußeren Stränge beiseite und nehmen Sie auf der rechten Seite zwei Stränge hinzu. Knoten Sie einen Kreuzknoten.

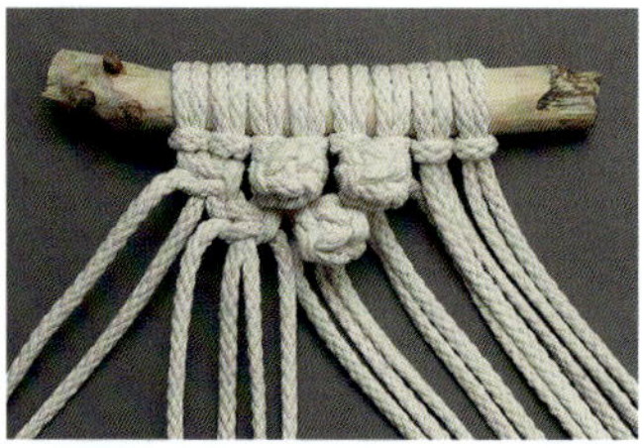

6 Wiederholen Sie Schritt 5 für einen weiteren Kreuzknoten auf der linken Seite.

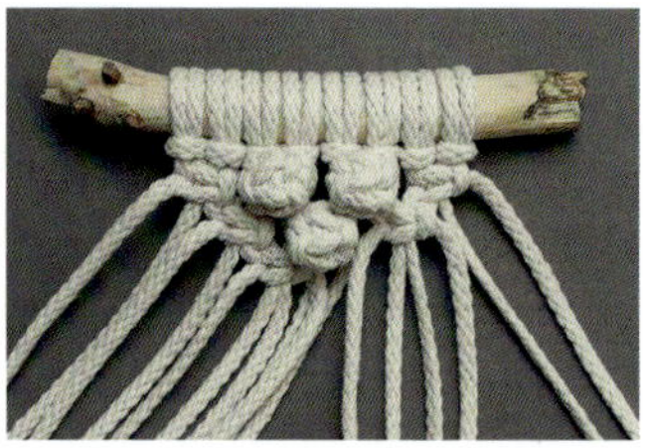

7 Wiederholen Sie Schritt 4-6 für die Stränge der rechten Seite. Knoten Sie zuerst mit den vier rechten, äußeren Strängen einen Kreuzknoten. Legen Sie anschließend für jeden weiteren Kreuzknoten die rechten beiden Stränge weg und nehmen Sie auf der linken Seite zwei Stränge hinzu bis Sie gesamt drei Kreuzknoten auf der rechten Seite geknotet haben.

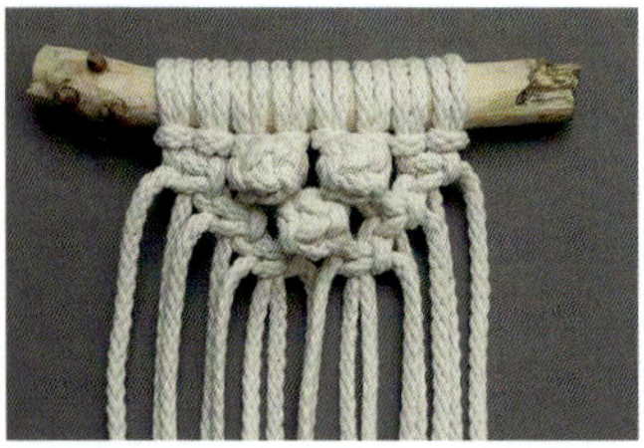

8 Mit den vier mittleren Strängen aller Stränge einen Kreuzknoten als Spitze des Dreiecks knoten.

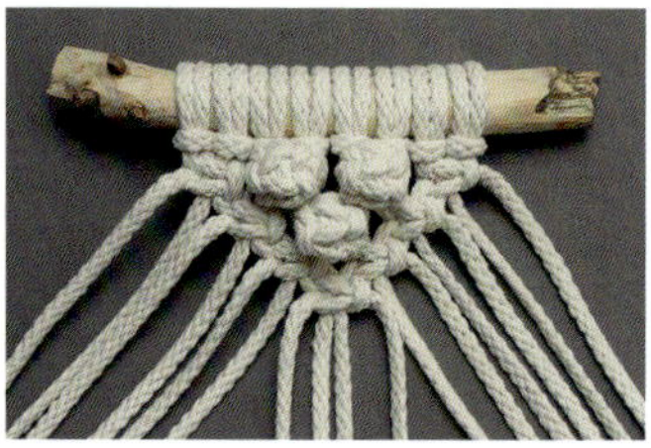

9 Es folgt eine Reihe Rippenknoten. Teilen Sie dazu alle Stränge in der Mitte auf, sodass auf beiden Seiten jeweils acht Stränge liegen. Legen Sie die Stränge der rechten Seite weg. Halten Sie den äußeren Strang der linken Seite als Trägerfaden über die sieben Arbeitsfäden schräg nach unten zur Mitte. Knoten Sie eine Reihe Rippenknoten.

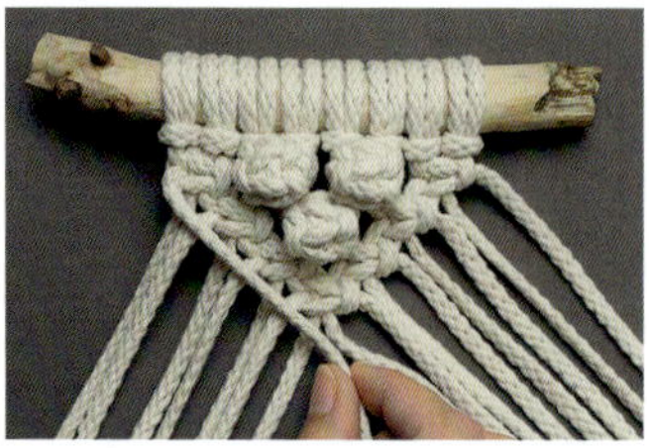

10 Wiederholen Sie Schritt 9 für die Stränge der rechten Seite. Um die Reihe Rippenknoten an der Spitze zu verbinden, fungiert der Trägerfaden der linken Seite als zusätzlicher Arbeitsfaden der rechten Seite. Sie knoten hier mit acht Arbeitsfäden.

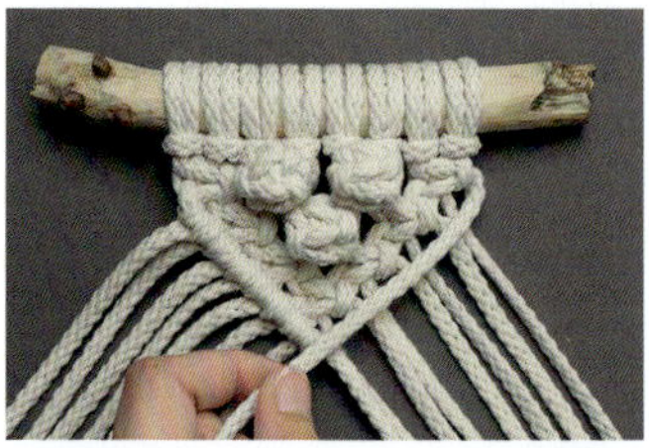

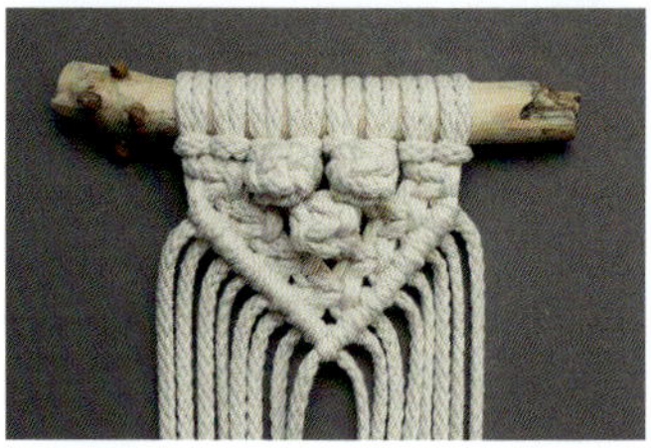

11 Wenden Sie ihr Makramee-Stück auf die Rückseite. Wiederholen Sie Schritt 9-10.

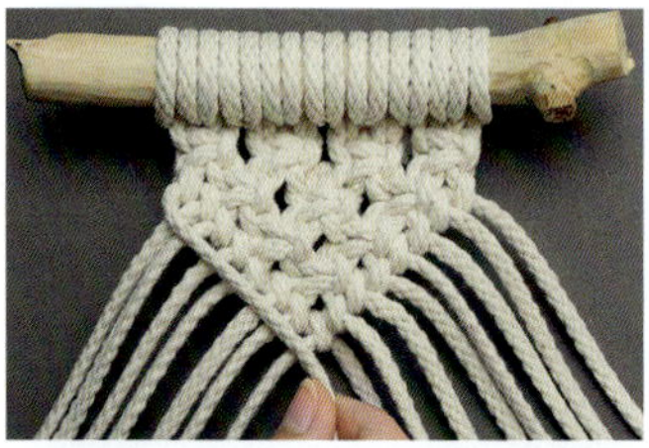

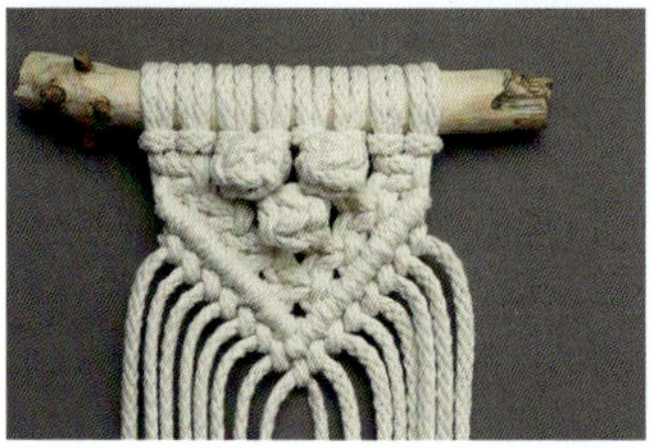

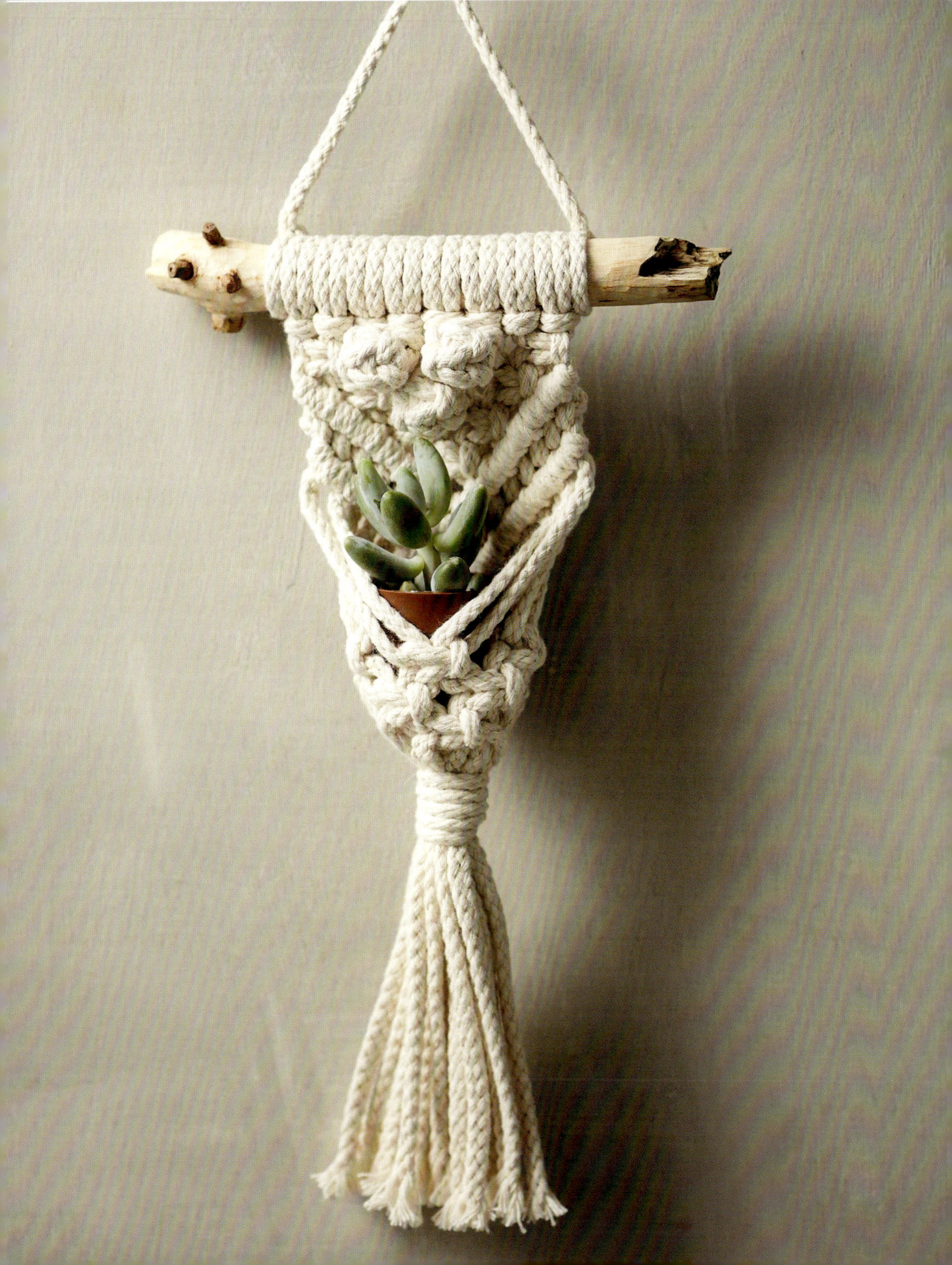

12 Wenden Sie nun ihr Makramee-Stück wieder auf die Vorderseite und knoten Sie eine weitere Reihe Rippenknoten wie in Schritt 9-10 beschrieben.

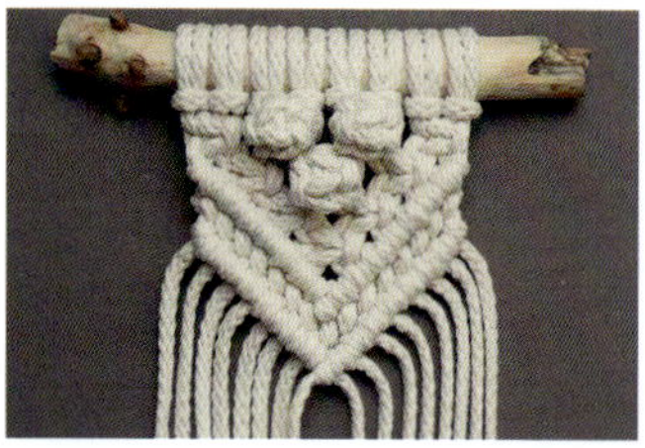

13 Es folgt das Netz für die Pflanze. Legen Sie dazu die jeweils beiden äußeren Stränge weg. Mit den restlichen zwölf Strängen drei Kreuzknoten nebeneinander knoten. Sie werden in der Höhe so positioniert, dass der mittlere Kreuzknoten in einem Abstand von etwa 2 cm zur Spitze des Musters liegt.

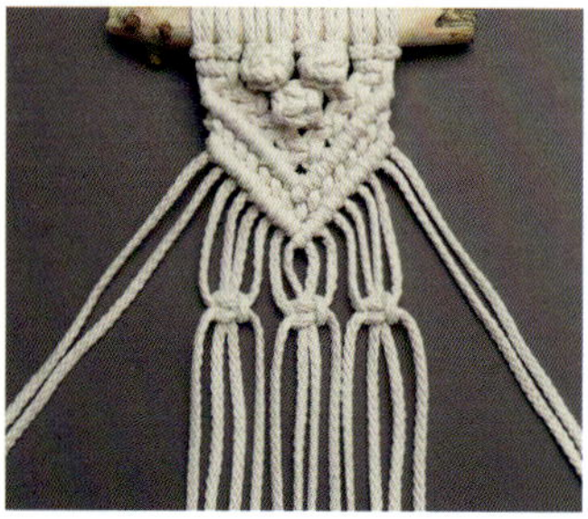

14 Führen Sie die vier weggelegten Stränge mittig zusammen und knoten Sie einen Kreuzknoten auf Höhe der Kreuzknoten aus Schritt 13.

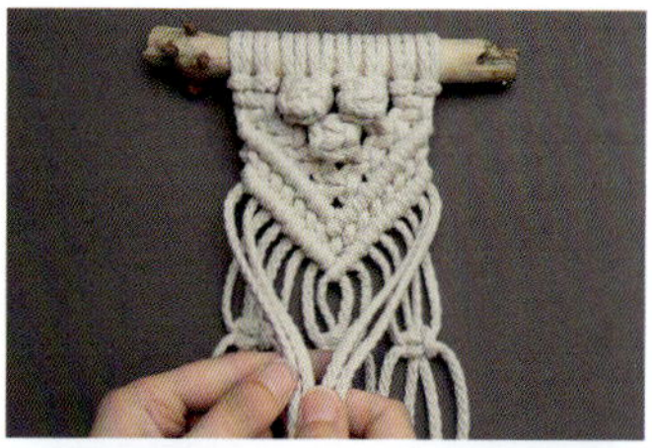

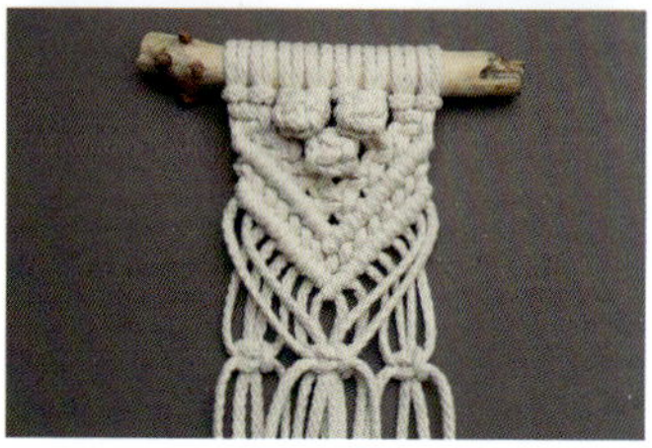

15 Vorne wird für das Netz eine kleine Raute aus Kreuzknoten geknotet. Der Kreuzknoten aus Schritt 14 fungiert als obere Spitze der Raute. Nehmen Sie zu den vier Fäden des Kreuzknotens aus Schritt 14 auf beiden Seiten je zwei Stränge hinzu. Dazu nutzen Sie die jeweils beiden äußeren Stränge der beiden äußeren Kreuzknoten aus Schritt 13. Nehmen Sie die beiden äußeren Stränge und drehen Sie diese zur Mitte, sodass der jeweils außenliegende Faden zum Trägerfaden für einen neuen Kreuzknoten wird. Knoten Sie zwei Kreuzknoten nebeneinander als Mittelteil der Raute.

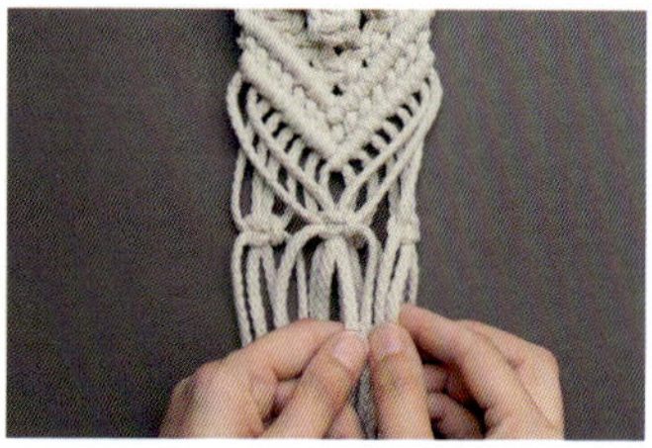

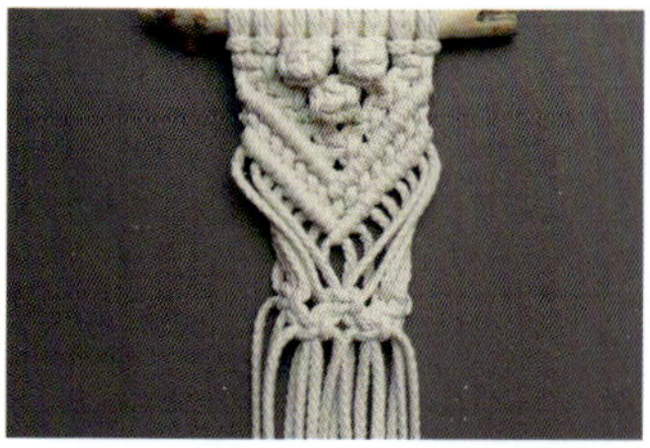

16 Mit den vier mittleren Strängen einen Kreuzknoten als untere Spitze der Raute knoten.

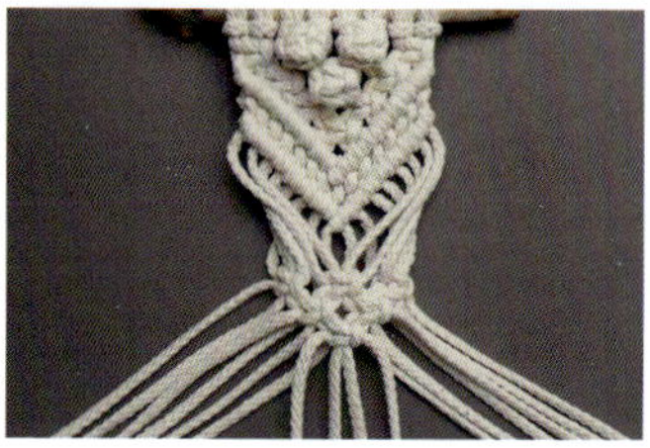

17 Knoten Sie einen Wickelknoten in einem Abstand von etwa 1 cm zur Raute. Nutzen Sie hierzu einen 50 cm langen Baumwollfaden. Kürzen Sie anschließend die Enden der Tassel auf die gewünschte Länge.

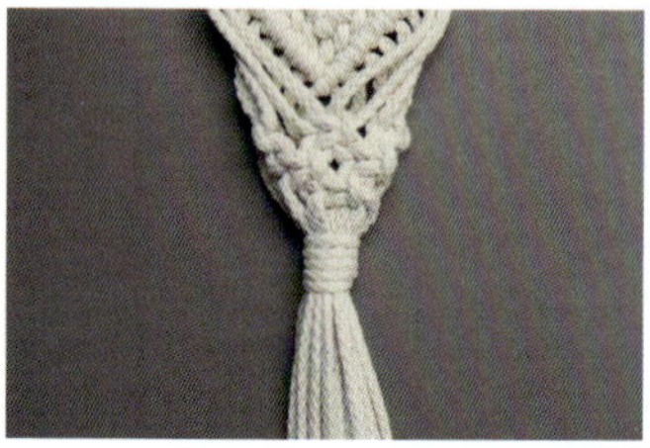

18 Zum Schluss einen 40 cm langen Baumwollfaden mit zwei Doppelknoten als Aufhängung am Ast befestigen.

Große Blumenampel „Dunja“

MOTIVLÄNGE

ca. 73 cm (ohne Aufhängung gemessen)

MATERIAL

- 28 Baumwollfäden in Natur, geflochten, ø 4 mm, 2,40 m lang
- 14 Baumwollfäden in Natur, geflochten, ø 4 mm, 2,60 m lang
- 3 Baumwollfäden in Natur, geflochten, ø 4 mm, 60 cm lang
- 6 Baumwollfäden in Natur, geflochten, ø 4 mm, 1,80 m lang
- Baumwollfaden in Natur, geflochten, ø 4 mm, 60 cm lang
- Ast, 70 cm lang
- Schere

1 Befestigen Sie außen am Ast, etwa 10-12 cm von der Kante entfernt, 14 x 2,40 m lange Baumwollfäden mit einem von vorne geknoteten Ankerknoten.

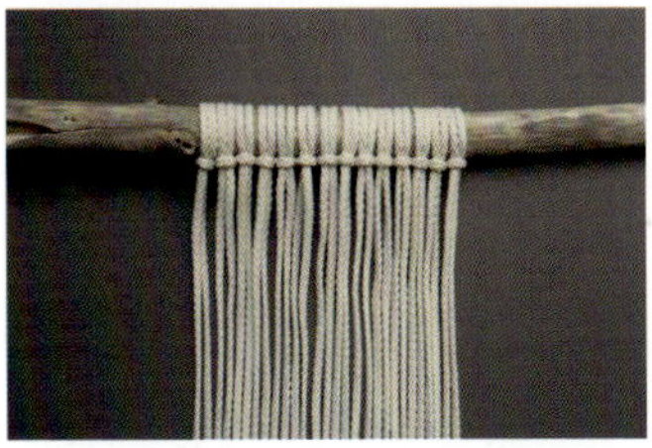

2 Mit allen 28 Strängen sieben Kreuzknoten nebeneinander direkt unter den Ankerknoten knoten.

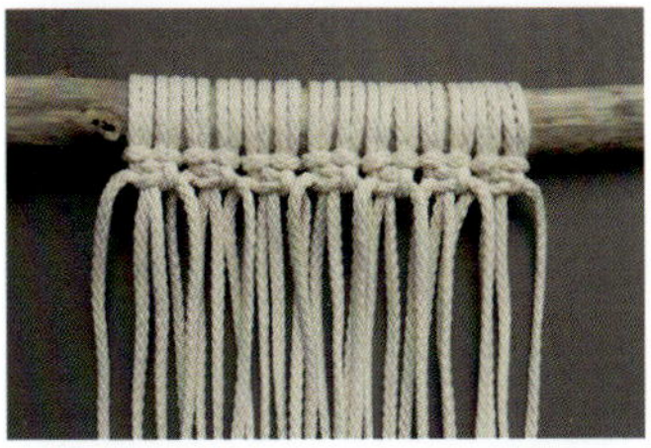

3 Es folgen abnehmende Reihen für ein Dreieck aus Kreuzknoten. Legen Sie dazu in der nächsten Reihe auf beiden Seiten jeweils zwei Stränge weg. Knoten Sie mit den restlichen 24 Strängen sechs Kreuzknoten nebeneinander.

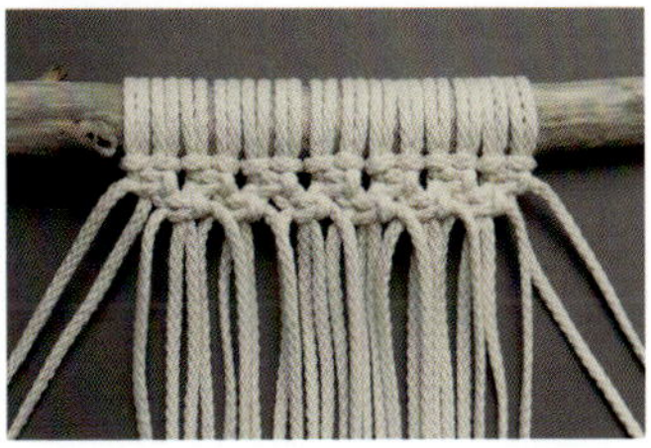

4 Legen Sie nun für jede weitere Reihe ebenfalls jeweils zwei weitere Stränge auf beiden Seiten weg, sodass Sie in jeder Reihe einen Kreuzknoten weniger knoten können. Zum Schluss bleiben nur noch vier Stränge übrig, mit denen Sie einen Kreuzknoten als Spitze des Dreiecks knoten.

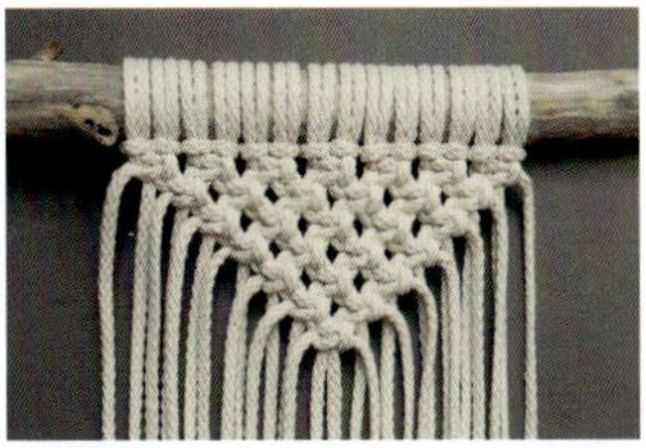

5 Es folgt eine kleine Raute aus Kreuzknoten. Dazu mit den vier mittleren Strängen einen Kreuzknoten im Abstand von etwa 2,5 cm zur Spitze des Dreiecks knoten. Dieser Kreuzknoten bildet die obere Spitze der Raute.

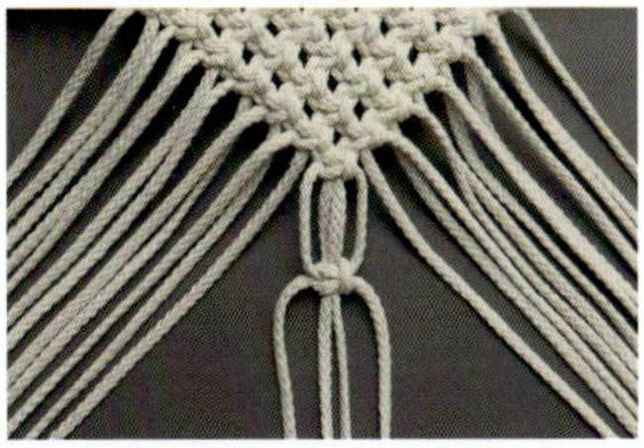

6 Knoten Sie nun zwei zunehmende Reihen. Nehmen Sie dazu für jede Reihe auf beiden Seiten jeweils zwei Stränge von außen hinzu, sodass Sie in jeder Reihe einen Kreuzknoten mehr knoten können. In der zweiten Reihe knoten Sie also mit acht Strängen zwei Kreuzknoten und in der dritten Reihe mit zwölf Strängen drei Kreuzknoten.

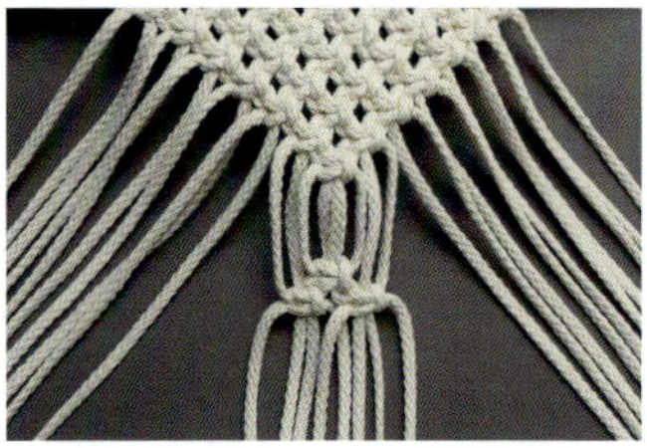

7 Anschließend folgen abnehmende Reihen, um die Raute zu vervollständigen. Legen Sie also, wie auch schon beim Dreieck in Schritt 2-4, in jeder Reihe auf beiden Seiten jeweils zwei Stränge weg, sodass in jeder Reihe ein Kreuzknoten weniger geknotet werden kann. Den Abschluss bildet wieder ein Kreuzknoten als untere Spitze der Raute.

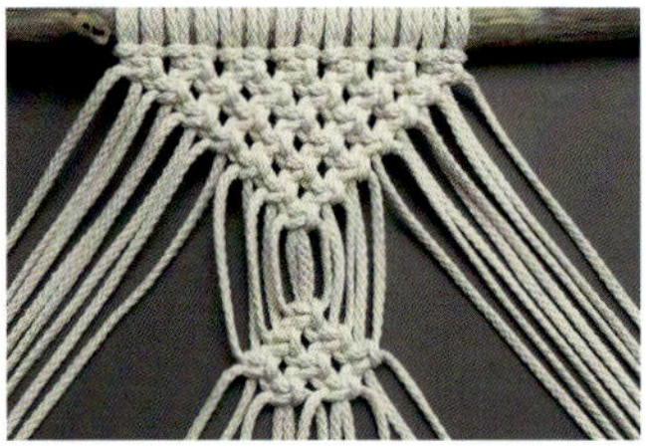

8 Nun wird das Netz für den Blumentopf geknotet. Nutzen Sie dazu die vier mittleren Stränge und jeweils den dritten bis sechsten Strang von außen. Knoten Sie damit drei Kreuzknoten in einem Abstand von etwa 8,5 cm zur Raute. Ich empfehle Ihnen mit dem mittleren Kreuzknoten zu beginnen und anschließend die beiden äußeren Kreuzknoten zu knoten, sodass Sie sich bei der Höhe an dem mittleren Knoten orientieren können.

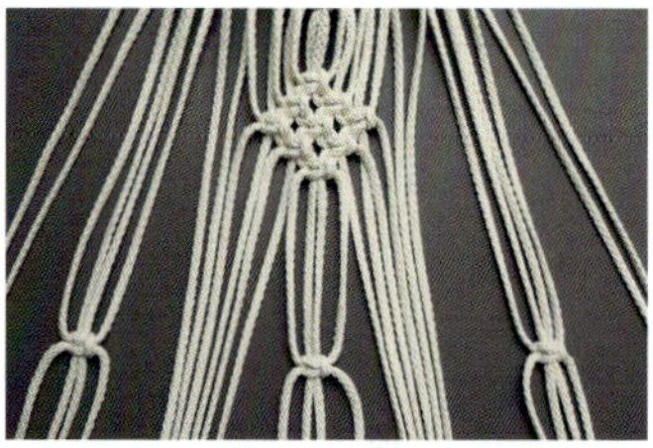

9 Legen Sie die restlichen Stränge weg, damit Sie nicht durcheinanderkommen. Gehen Sie für das Netz so vor, wie in der Grundanleitung (s. Seite 7) beschrieben. Sie können entscheiden, ob Sie zum Schluss alle Stränge (auch die weggelegten Stränge) oder nur die des Netzes mit dem Wickelknoten zusammenhalten möchten.

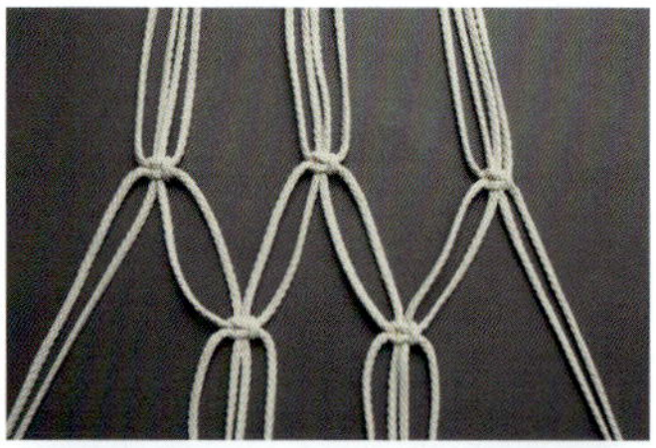

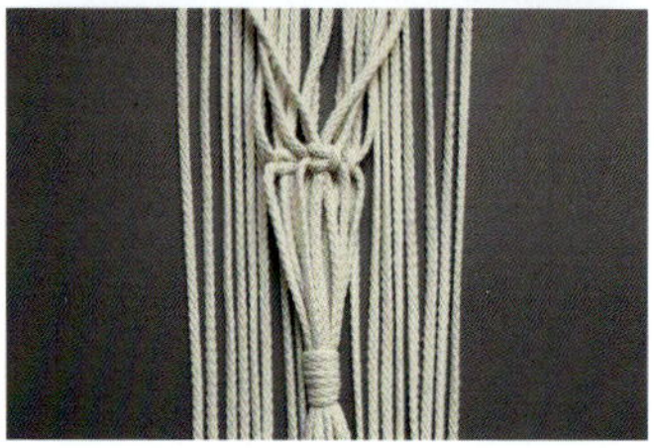

10 Wiederholen Sie Schritt 1-9 auf der anderen Seite des Astes. Nun haben Sie die beiden äußeren Teile der Wandbehang-Blumenampel geknotet. Es fehlt nur noch der Mittelteil.

11 Für den Mittelteil wiederholen Sie zunächst Schritt 1-4.

12 Anschließend folgen zwei schräg nach außen verlaufende Diagonalen aus Kreuzknoten. Teilen Sie dazu alle Stränge in der Mitte auf, sodass auf beiden Seiten jeweils 14 Stränge liegen. Legen Sie die 14 Stränge der rechten Seite erstmal weg. Mit den nun vier rechten Strängen der linken Seite einen Kreuzknoten knoten.

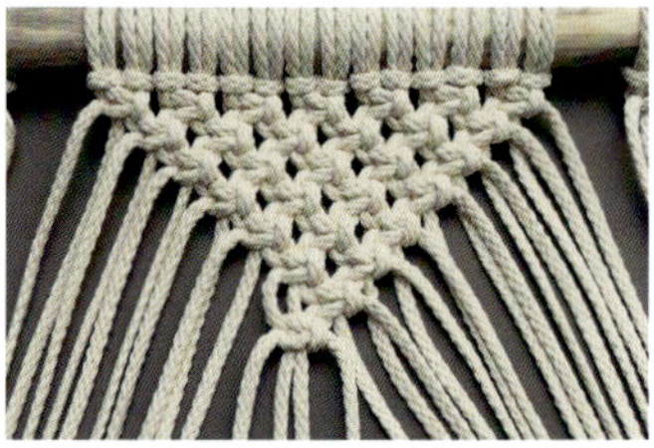

13 Legen Sie die zwei rechten Stränge des Kreuzknotens aus Schritt 12 weg und nehmen Sie auf der linken Seite zwei neue Stränge von außen hinzu. Knoten Sie wieder einen Kreuzknoten.

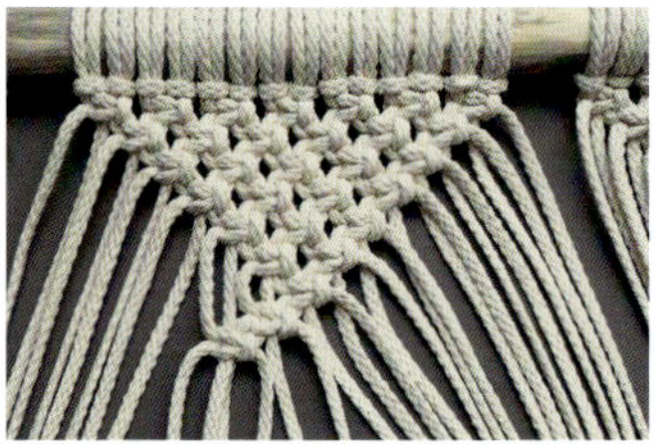

14 Wiederholen Sie Schritt 13 bis Sie eine nach links außen verlaufende, diagonale Reihe Kreuzknoten geknotet haben. Diese Diagonale besteht aus sechs Kreuzknoten.

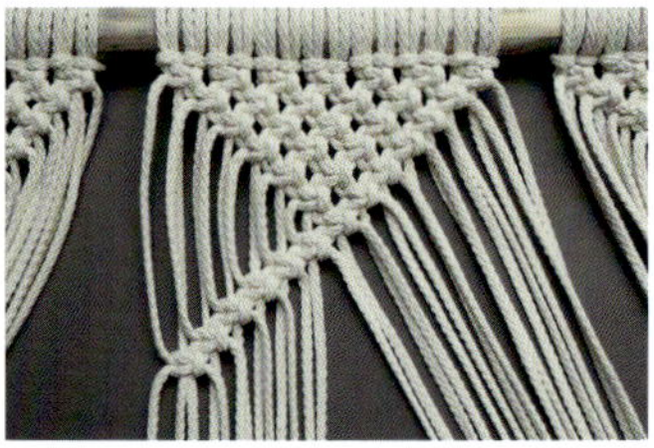

15 Nun wird eine Diagonale nach rechts außen verlaufend geknotet. Legen Sie dazu die 14 Stränge der linken Seite weg und nehmen Sie sich die 14 Stränge der rechten Seite

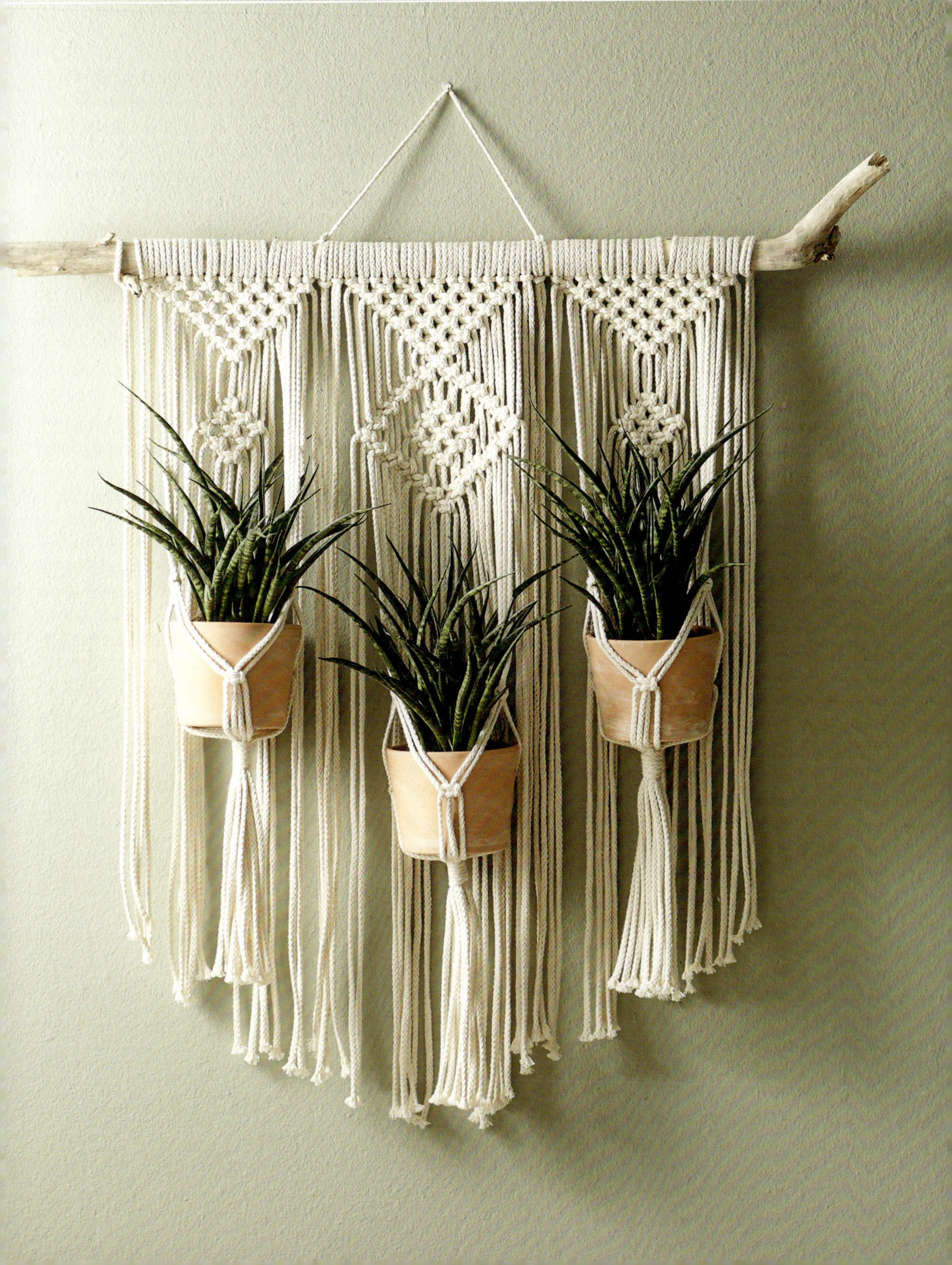

vor. Knoten Sie mit den vier linken Strängen der rechten Seite einen Kreuzknoten.

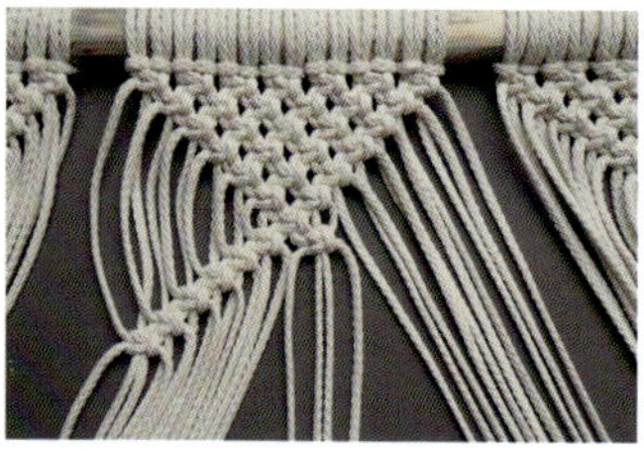

16 Legen Sie die beiden linken äußeren Stränge des Kreuzknotens aus Schritt 15 weg. Auf der rechten Seite zwei neue Stränge von außen hinzunehmen. Knoten Sie mit den vier Strängen einen Kreuzknoten.

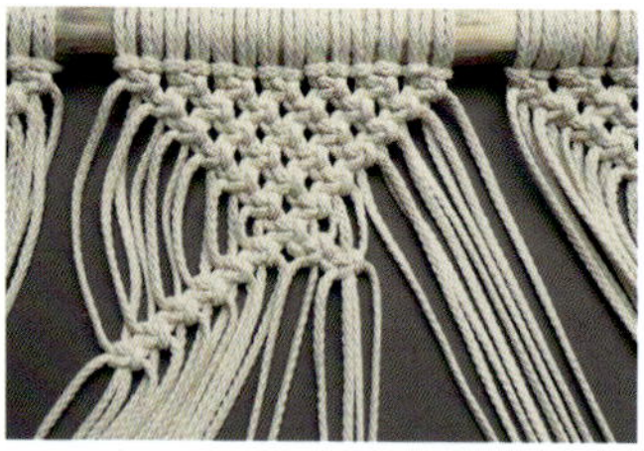

17 Wiederholen Sie Schritt 16 bis Sie eine nach rechts außen verlaufende, diagonale Reihe Kreuzknoten geknotet haben. Auch hier besteht die Diagonale wieder aus sechs Kreuzknoten.

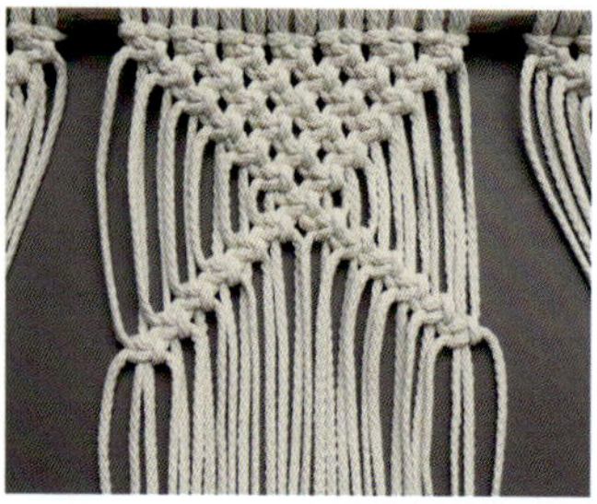

18 Es folgt wieder eine geschlossene Raute. Dazu Schritt 5-7 wiederholen. Die Raute wird in einem Abstand von etwa 2 cm zu den Diagonalen geknotet.

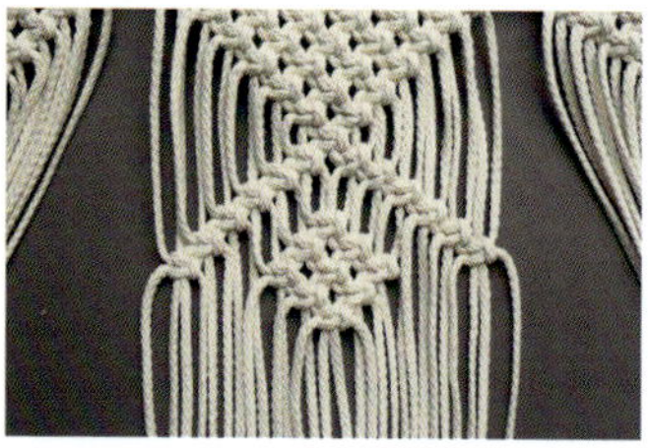

19 Um die kleine Raute werden nun zwei weitere, dieses Mal zueinander verlaufende Diagonalen geknotet, sodass alle Diagonalen eine große Raute ergeben. Gehen Sie für die von links außen nach rechts verlaufende Diagonale wie in Schritt 16 beschrieben vor. Knoten Sie hier nur fünf Kreuzknoten.

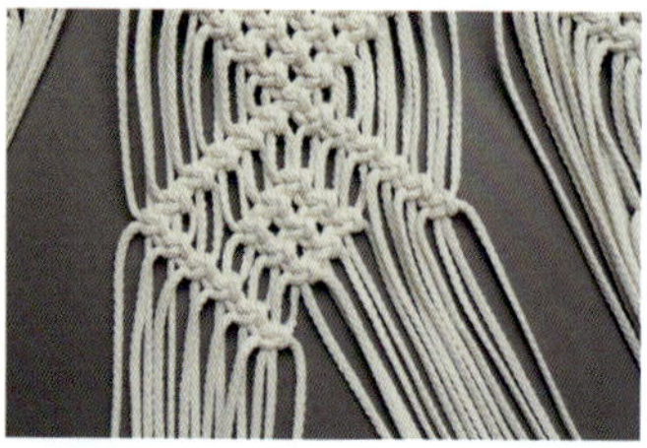

20 Knoten Sie die von rechts außen nach links verlaufende Diagonale wie in Schritt 13. Auch hier nur fünf Kreuzknoten anfertigen.

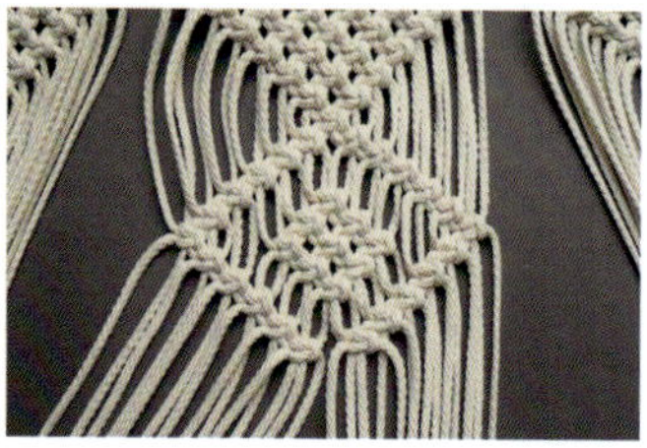

21 Um die beiden Diagonalen in der Mitte zu verbinden, knoten Sie mit den vier mittleren Strängen einen Kreuzknoten.

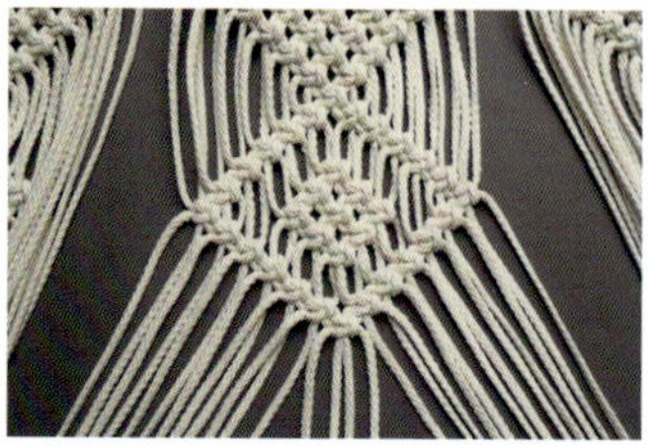

22 Es folgt das Netz für die Pflanze. Gehen Sie dazu vor wie in Schritt 8-9 beschrieben. Knoten Sie das Netz hier allerdings in einem Abstand von etwa 13 cm.

23 Befestigen Sie zusätzliche 1,80 m lange Baumwollfäden an dem Ast; jeweils zwei Fäden zwischen den einzelnen Muster-Elementen und jeweils einen außen. Überspringen Sie diesen Schritt, wenn Sie bei den Netzen alle Stränge mit dem Wickelknoten zusammenhalten möchten.

24 Die Enden und Tasseln so zuschneiden, dass sie ein spitzzulaufendes Muster ergeben.

25 Zum Schluss einen 60 cm langen Faden mit zwei Doppelknoten als Aufhängung am Ast befestigen.

Blumenampel „Lorena“

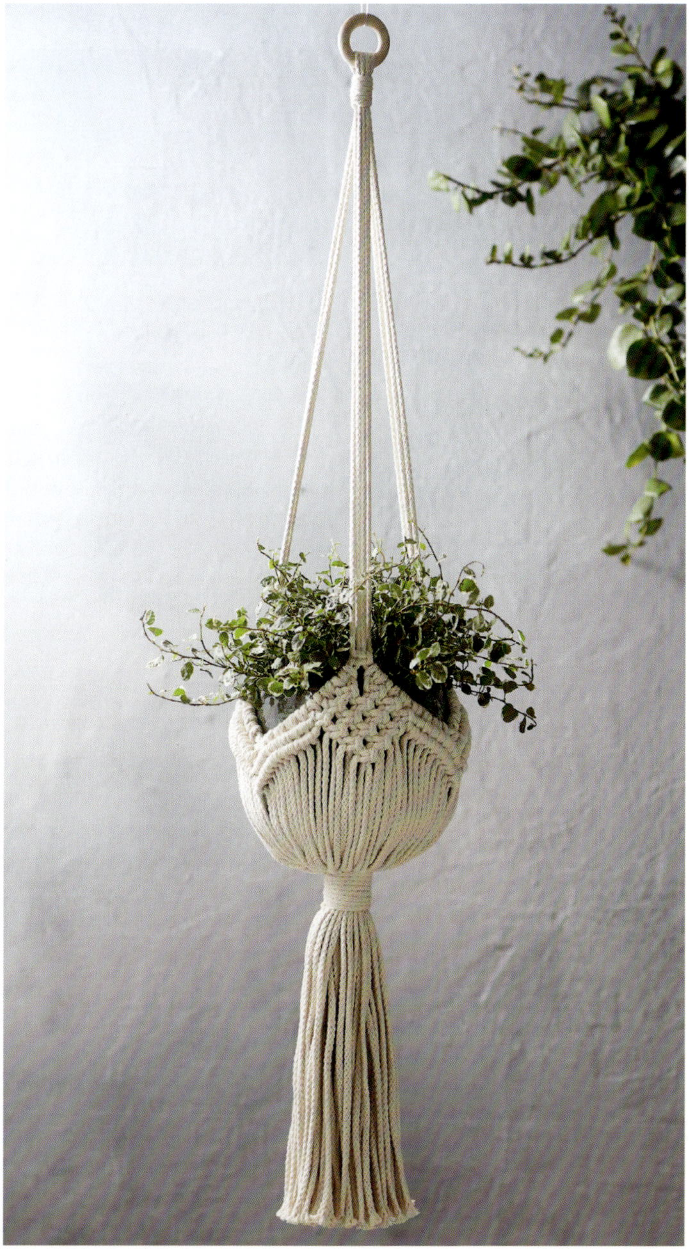

MOTIVLÄNGE
ca. 88 cm

MATERIAL
- 6 Baumwollfäden in Natur, geflochten, ø 4 mm, 3 m lang
- 42 Baumwollfäden in Natur, geflochten, ø 4 mm, 1,50 m lang
- Baumwollfaden in Natur, geflochten, ø 4 mm, 60 cm lang
- Baumwollfaden in Natur, geflochten, ø 4 mm, 1,20 m lang
- Holzring, ø 4 cm
- Schere

1 Ziehen Sie 6 x 3 m lange Baumwollfäden bis zur Hälfte durch den Holzring und fixieren Sie diese mit einem Wickelknoten direkt unter dem Holzring. Nutzen Sie für den Holzring einen 60 cm langen Baumwollfaden.

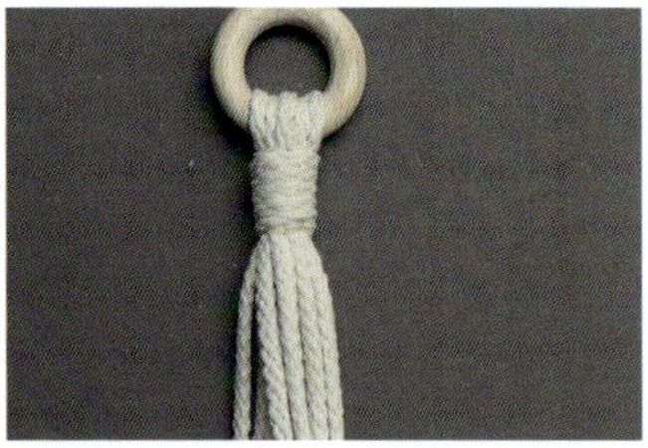

2 Mit allen zwölf Strängen drei Kreuzknoten nebeneinander in einem Abstand von etwa 36 cm zum Wickelknoten knoten.

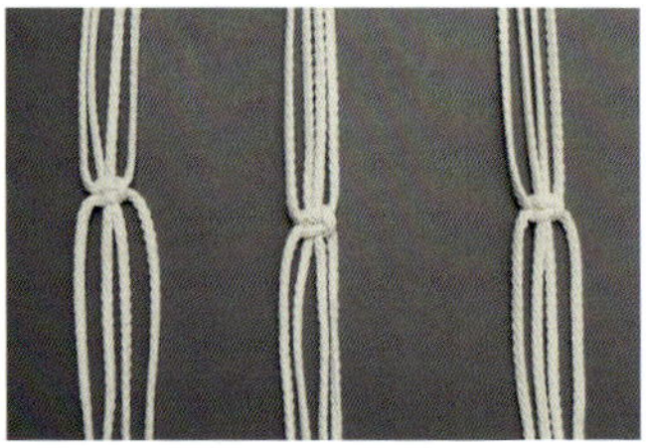

3 Nehmen Sie sich einen der Kreuzknoten vor. Die vier Stränge des Kreuzknotens mittig aufteilen, sodass auf beiden Seiten je zwei Stränge liegen. Befestigen Sie an diesen beiden Strang-Paaren jeweils 2 x 1,50 m lange Baumwollfäden mit einem von hinten geknoteten Ankerknoten.

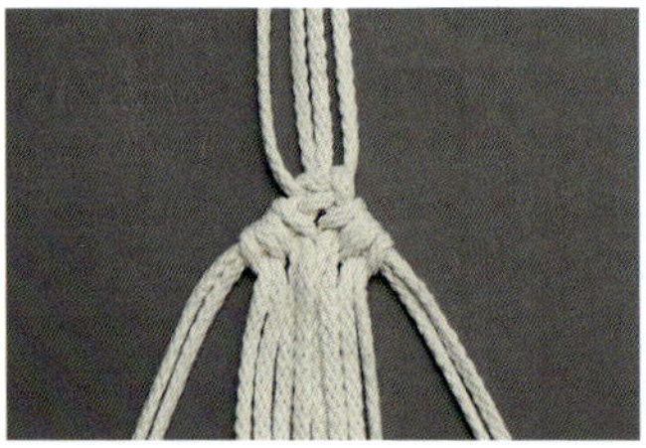

4 Knoten Sie mit den acht der in Schritt 3 befestigten Stränge zwei Kreuzknoten nebeneinander.

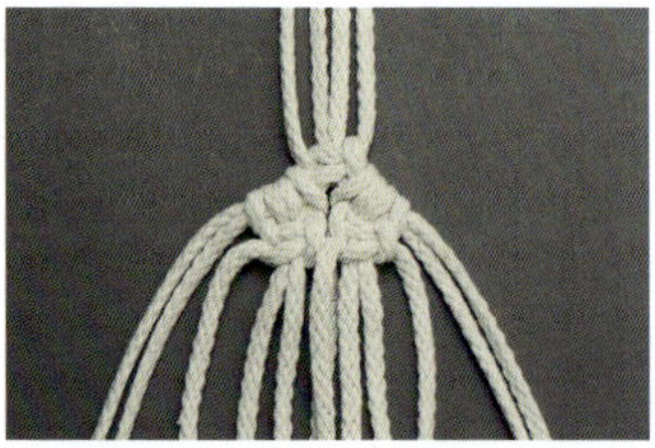

5 Befestigen Sie erneut jeweils einen 1,50 m langen Baumwollfaden an den beiden Strang-Paaren. Knoten Sie mit den zwölf Strängen der befestigten Fäden drei Kreuzknoten nebeneinander.

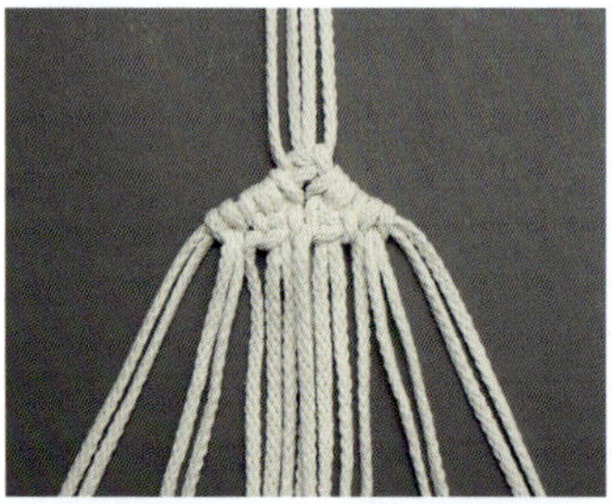

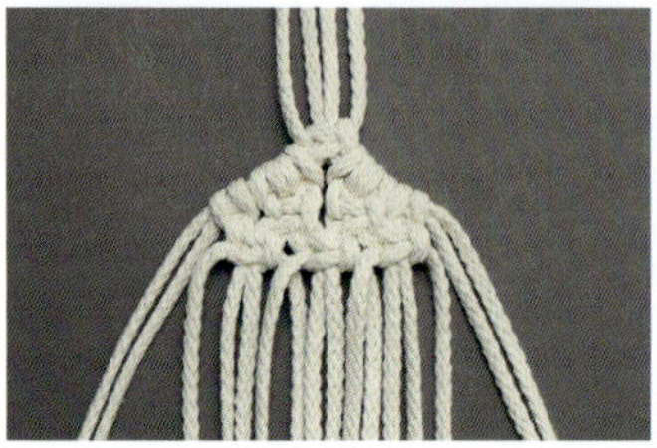

6 Wiederholen Sie Schritt 5 und befestigen Sie weitere Fäden. Knoten Sie vier Kreuzknoten mit den 16 Strängen der nun befestigten Fäden.

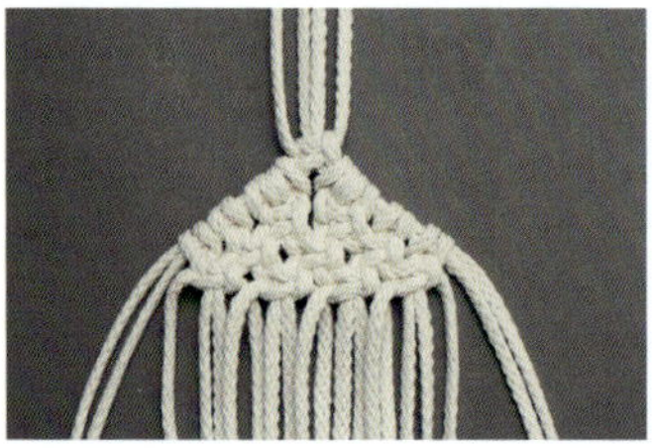

7 Es folgen abnehmende Reihen. Legen Sie dazu die jeweils beiden äußeren Stränge der befestigten Fäden weg und knoten Sie mit den restlichen zwölf Strängen drei Kreuzknoten.

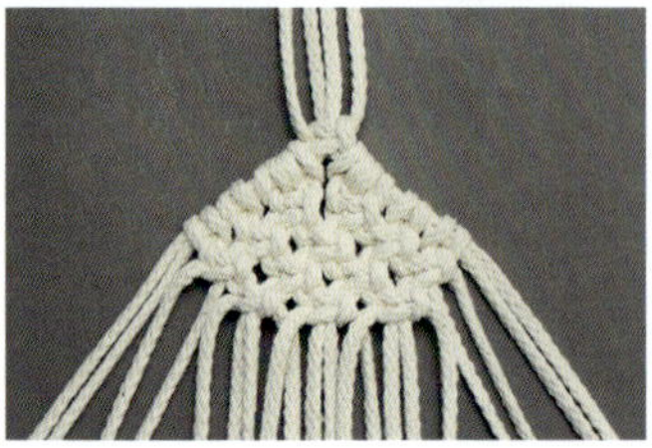

8 Wiederholen Sie Schritt 7. Legen Sie dazu in jeder Reihe zusätzlich jeweils zwei weitere Stränge weg, sodass Sie in jeder Reihe einen Kreuzknoten weniger knoten können. Zum Schluss knoten Sie in der letzten Reihe nur noch einen Kreuzknoten.

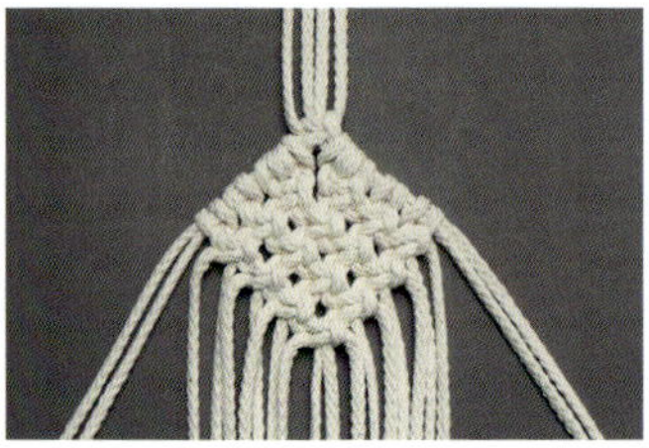

9 Wiederholen Sie Schritt 3-8 für die anderen beiden Kreuzknoten der Blumenampel-Arme. Legen Sie die drei geknoteten Muster nebeneinander. Anschließend wird mit den jeweils nebeneinanderliegenden Strang-Paaren ein Kreuzknoten in einem Abstand von etwa 4 cm zum Kreuzknoten-Muster geknotet. Diese Kreuzknoten entsprechen der zweiten Reihe des Netzes aus der Grundanleitung. Die außen liegenden Strang-Paare können hier noch ungeknotet bleiben oder schon zu einem Netz verschlossen werden. Ich habe sie erst in Schritt 15 verknotet.

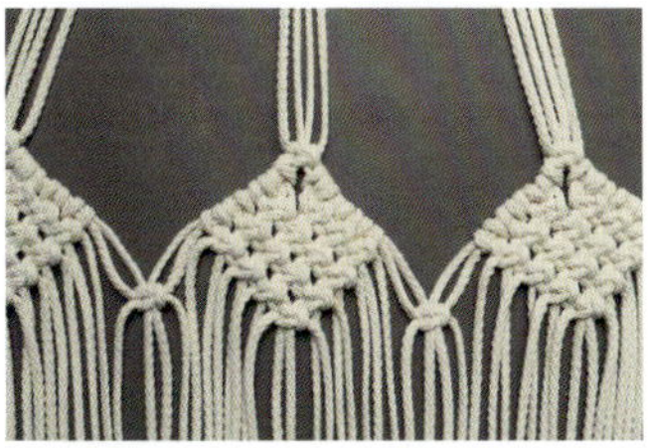

10 Nehmen Sie sich einen Zwischenraum der schon geknoteten Muster vor. An den Strang-Paaren rechts und links des Kreuzknotens aus Schritt 9 jeweils 3 x 1,50 m lange Baumwollfäden mit dem von hinten geknoteten Ankerknoten befestigen.

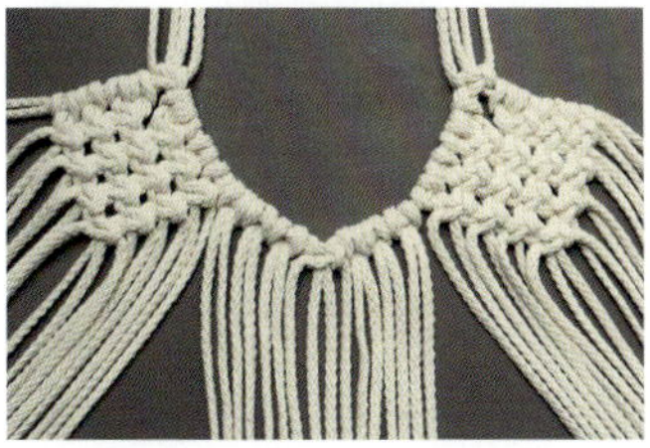

11 Es folgen Reihen mit Rippenknoten. Legen Sie die Stränge der schon geknoteten Muster weg. Teilen Sie danach die Stränge der in Schritt 10 befestigten Fäden und des Kreuzknotens in der Mitte auf, sodass auf beiden Seiten jeweils acht Stränge liegen. Legen Sie die acht Stränge der rechten Seite weg. Die acht Stränge der linken Seite dienen als Arbeitsfäden. Der nächstgelegene Strang des schon geknoteten Musters wird als Trägerfaden genutzt. Halten Sie diesen über die Arbeitsfäden schräg nach unten in die Mitte und knoten Sie eine Reihe Rippenknoten.

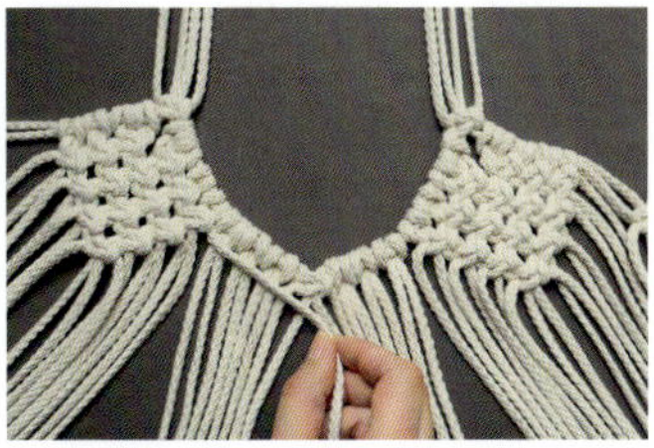

12 Wiederholen Sie Schritt 11 für die Stränge der rechten Seite. Auch hier wird der obere Strang des schon geknoteten Musters als Trägerfaden genutzt. Um die Reihe Rippenknoten in der Mitte zu verbinden, wird der Trägerfaden der linken Seite als zusätzlicher Arbeitsfaden für die rechte Seite benutzt.

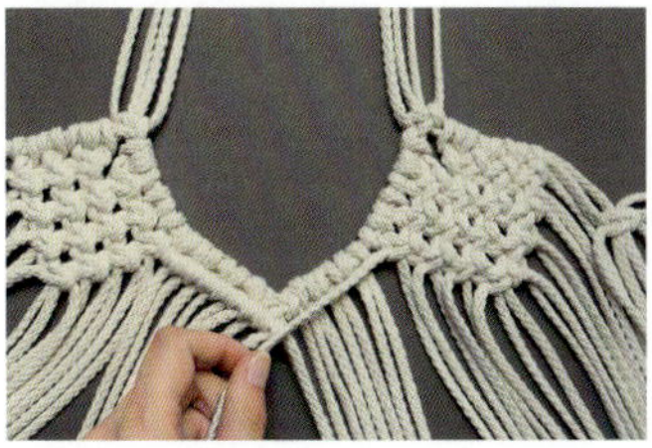

13 Schritt 11-12 für eine zweite Reihe Rippenknoten wiederholen. Auch hier werden wieder die obersten Fäden der schon geknoteten Muster als Trägerfäden genutzt.

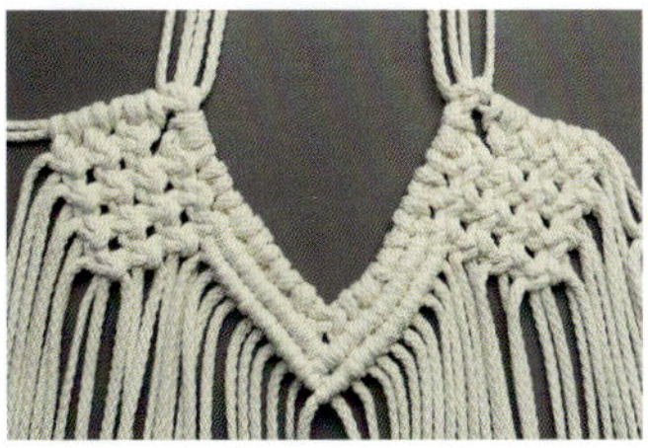

14 Wiederholen Sie Schritt 10-13 für den anderen Zwischenraum.

15 Wenden Sie das Muster, sodass Sie die Rückseite anschaut. Verbinden Sie anschließend die beiden äußeren Strang-Paare mit einem Kreuzknoten in der Mitte, um das Netz zu schließen. Setzen Sie auch diesen Kreuzknoten etwa 4 cm vom Kreuzknoten-Muster entfernt.

16 Wiederholen Sie Schritt 10-13 für den dritten Zwischenraum.

17 Alle Stränge mit einem Wickelknoten zusammenhalten. Nutzen Sie dafür einen 1,20 m langen Baumwollfaden. Positionieren Sie den Wickelknoten in einem Abstand von etwa 9 cm zur unteren Spitze der Reihen Rippenknoten. Zum Schluss die Enden der Tassel auf die gewünschte Länge kürzen.

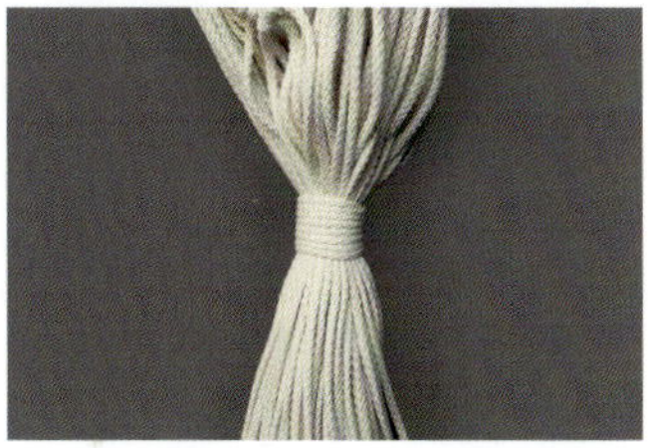

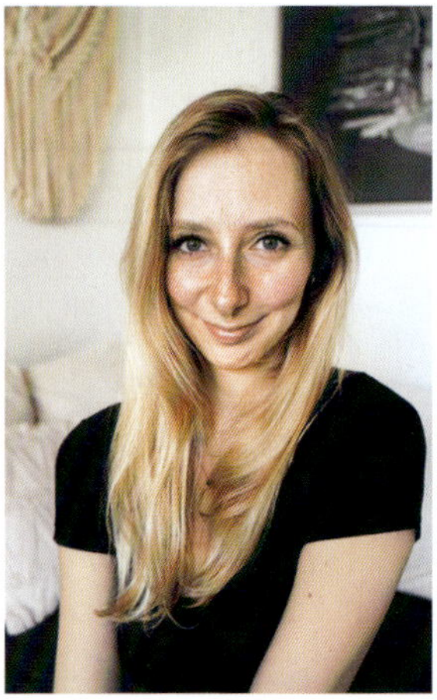

Josephine Kirsch
Ich bin DIY-Bloggerin auf Yeah Handmade und teile meine kreativen Ideen zu den Themen Dekoration, Geschenke, Makramee & Co. Auf meinem Instagram Account @yeah_handmade lasse ich meine Leser an meinem kreativen Chaos teilhaben. Schon in meiner Kindheit habe ich Armbänder geknüpft, doch erst durch den wiederkommenden Makramee-Trend in den letzten Jahren, bin ich der Technik komplett verfallen. Ich probiere mich gerne an neuen Mustern und Formen aus. Makramee ist die perfekte Entschleunigung für mich. Meine Makramee-Kunstwerke teile ich auf meinem Instagram Account @yeah_makramee.

DANKE!
Herzlichen Dank an die Firmen Seilwerk Paul Dittus GmbH (www.pferdeseile.de, Instagram: @makramee_madeingermany), Rico Design sowie Buttinette für die freundliche Bereitstellung von Materialien.

TOPP – Unsere Servicegarantie

WIR SIND FÜR SIE DA! Bei Fragen zu unserem umfangreichen Programm oder Anregungen freuen wir uns über Ihren Anruf oder Ihre Post. Loben Sie uns, aber scheuen Sie sich auch nicht, Ihre Kritik mitzuteilen – sie hilft uns, ständig besser zu werden.

Bei Fragen zu einzelnen Materialien oder Techniken wenden
Sie sich bitte an unseren Kreativservice, Frau Erika Noll.
mail@kreativ-service.info
Telefon 07 11 / 123 757 20
Das Produktmanagement erreichen Sie unter:
pm@frechverlag.de
oder:
frechverlag
Produktmanagement
Turbinenstraße 7
70499 Stuttgart
Telefon 07 11 / 8 30 86 68

LERNEN SIE UNS BESSER KENNEN! Fragen Sie Ihren Hobbyfach- oder Buchhändler nach unserem kostenlosen Magazin Meine kreative Welt. Darin entdecken Sie zweimal im Jahr die neuesten Kreativtrends und interessantesten Buchneuheiten.

Oder besuchen Sie uns im Internet! Unter www.topp-kreativ.de können Sie sich über unser umfangreiches Buchprogramm informieren, unsere Autoren kennenlernen sowie aktuelle Highlights und neue Kreativtechniken entdecken, kurz – die ganze Welt der Kreativität.

Kreativ immer up to date sind Sie mit unserem monatlichen Newsletter mit den aktuellsten News aus dem frechverlag, Gratis-Bastelanleitungen und attraktiven Gewinnspielen.

Impressum
FOTOS: frechverlag GmbH, 70499 Stuttgart; lichtpunkt, Michael Ruder, Stuttgart (Modellfotos); Josephine Kirsch (Autorenfoto und Schrittfotos)
PRODUKTMANAGEMENT UND LEKTORAT: Melissa Portz, Selina Meier
COVERGESTALTUNG: Tatjana Weiß
HERSTELLUNG: Heike Köhl
SATZ: Werbeagentur Rypka GmbH, 8143 Dobl, www.rypka.at
DRUCK UND BINDUNG: POLYGRAF PRINT spol. s r.o.

5. Auflage 2024

ISBN 978-3-7724-4629-0 • Best.-Nr. 4629

MIX
Papier | Fördert gute Waldnutzung
FSC® C023577

Penguin Random House Verlagsgruppe
FSC® N001967